LES HALLUCINÉS

Collection Guérin – Chamonix – guerin.editionspaulsen.com
Les éditions Paulsen sont une société du groupe Paulsen Media.

Thomas Vennin

LES HALLUCINÉS

Un voyage dans les délires d'altitude

Guérin
éditions Paulsen

« Il n'y a pas de place dans la haute montagne, disait-il,
pour le fantastique, parce que la réalité y est par elle-même plus
merveilleuse que tout ce que l'homme pourrait imaginer. »
René Daumal, Le Mont Analogue.

À tous ceux qui en ont vu de belles
mais qui n'ont jamais pu raconter.

EN PRÉAMBULE

Le bout du rouleau est un endroit prodigieux. C'est le seul endroit au monde, avec celui des rêves, où la réalité se mélange à l'imaginaire. Un endroit de rêve, en somme. Le *burn-out*, un enfant qui ne fait pas ses nuits ou un ultra-trail sous la pluie permettent de l'apercevoir et beaucoup croient l'avoir visité. Ils ne sont pourtant qu'une petite poignée à s'être penchés par-dessus l'ultime parapet pour jeter un œil vers le feu d'artifice que nous promet l'au-delà. Beaucoup ont même basculé de l'autre côté. On ne les a jamais revus et c'est bien dommage car ils n'ont pas pu raconter...

Certains en sont revenus. Ce sont eux qui nous intéressent. Évidemment, ils sont tous alpinistes. Quelques marins, plongeurs ou explorateurs des pôles auraient bien droit de cité mais la montagne a décidément ce gros quelque chose en plus, cet ingrédient unique qui en fait un monde à part : l'altitude. Quand elle est haute, voire très haute, elle devient même l'ingrédient ultime qui, cumulé à la solitude, la fatigue, le stress, la déshydratation ou le manque de sommeil, ouvre la porte d'un monde féerique où l'éléphant rose est roi. Le membre brisé est une option dont il serait dommage de se passer mais le peu de cas recensés dans la littérature alpine tend à démontrer le caractère imprudent de l'option. Car la survie n'en est pas une et c'est bien là toute la subtilité de l'expérience.

L'autre subtilité tient dans la cohérence du récit. Les conditions d'arrivée au bout du rouleau font que les souvenirs sont souvent confus et les rares témoins ne valent guère mieux... C'est là tout le mérite de la médecine et de la science qui, depuis plusieurs décennies, cherchent à comprendre pourquoi les yeux de l'alpiniste fatigué mentent à son cerveau. Ceux qui, là-haut, affirment communiquer avec les morts sont probablement ceux qui, en bas, sont les plus réceptifs aux discours spirituels et ésotériques. Sans fermer la porte au surnaturel, il conviendra donc, par souci de crédibilité, de donner la priorité à la science, même pour les cas à faire douter le plus athée des parpaillots.

Il faudra aussi faire le tri dans les différents événements qui interviennent dans les cortex poussés à bout. L'éléphant rose n'a pas le monopole des effets de l'hypoxie et nous apprendrons à différencier les hallucinations des illusions tout en nous méfiant des rêves et de l'œdème cérébral, qui n'a rien à voir.

Certains grimpeurs du dimanche ont pu goûter aux joies de l'irrationnel à la faveur de circonstances exceptionnelles mais dans l'ensemble l'affaire est plutôt réservée à une petite élite, capable de fermer la porte derrière elle. Celle qui s'engage sur la montagne avec dans le sac à dos, un réchaud, un bon duvet, quelques sachets de thé, deux ou trois barres de céréales, un mental d'acier et qui revient au camp de base quinze jours plus tard avec 10 kilos en moins, un bon récit et une envie folle d'y retourner. L'alpiniste transformé en animal sauvage qui lutte pour sa survie et qui pousse la machine au point d'en faire dérailler le cerveau aura donc les faveurs des pages qui vont suivre.

Et que les grincheux qui reprocheront l'omniprésence de l'Everest et des sommets stars de l'Himalaya se taisent ! C'est grâce à l'altitude que le récit prend de la hauteur.

1

La présence d'esprits de Jean Troillet

Il n'est pas de cerveau plus mou que celui privé d'oxygène. Rendu au sommet de l'Everest, le plus brillant des mathématiciens aurait bien du mal à se dépêtrer d'une règle de 3. C'est pourtant une formidable présence d'esprit qui est à l'origine du plus célèbre des témoignages d'hallucination en montagne : *« J'ai eu déjà des hallucinations au K2 mais alors ici, c'est dingue... je vois des grimpeurs sur des séracs, un gars habillé en carnaval, un autre qui sort d'une caverne. Avant, je me suis surpris à voir un transformateur sur un nuage qui était sur notre camp avancé. Les 8 000 c'est dingue !* » Avoir pensé à sortir son dictaphone pour raconter à la postérité ce que ses yeux ont vu sur les pentes de l'Everest ce 30 août 1986 est le coup de génie d'une vie d'alpiniste. Il est signé Jean Troillet. De mémoire d'historien de la montagne, c'est là le seul témoignage pris sur le vif d'un cerveau de grimpeur soumis à l'hypoxie. Il serait dommage de ne pas analyser en profondeur ce morceau de légende.

Qui s'intéresse un minimum à la chose alpine connaît forcément l'histoire de cette ascension. La cordée Loretan-Troillet, l'Everest en 43 heures aller-retour par la face nord et le couloir Hornbein. Pas d'oxygène, pas de corde, pas de tente. Ultra fast, ultra light. Un bijou d'ascension à montrer dans les écoles de style alpin. Tout le monde la connaît mais quel plaisir de s'en remettre une tranche !

En 1986, Erhard Loretan a déjà gravi huit 8 000 et Jean Troillet est en train de devenir son frère de cordée. L'année précédente, ils ont réussi le K2 à l'été puis la face est du Dhaulagiri en conditions hivernales, début décembre. Leur credo : les ascensions d'une seule traite où le bivouac n'est qu'une courte pause au milieu de l'effort et où la corde, quand on ne l'a pas oubliée, reste dans le sac à dos. Un style qui les autorise à utiliser le break mousson, cette minuscule fenêtre météo du mois d'août découverte par Reinhold Messner lors de son solo en 1980. Il leur faudra pourtant attendre les tout derniers jours du mois pour que la montagne soit enfin en condition.

Aux premières heures du 29 août, Loretan et Troillet s'engagent dans la face nord, accompagnés du Français Pierre Beghin. Ils n'emportent que le strict minimum dans des petits sacs à dos : quelques barres chocolatées, un sursac en Gore-Tex et une paire de gants de rechange. Les gourdes sont enfouies dans les vestes pour éviter que l'eau gèle. Les duvets sont restés au camp de base, avec la prudence. À 11 heures du matin, les trois avions de chasse sont déjà rendus à 7 900 mètres. Ils continuent un peu leur chemin dans la neige profonde, puis décident de profiter de la chaleur de l'après-midi pour se reposer. Ils repartent à la tombée de la nuit, vers 21 heures. Mais la pause a eu raison de la machine Beghin qui s'enraye et ne parvient pas à suivre le rythme. Il cale et fait demi-tour. Aurait-il tenté de poursuivre s'il avait su ?

Devant, les Suisses carburent toujours et entrent bientôt dans des sphères où les lois qui régissent le corps humain ne sont plus tout à fait les mêmes qu'en bas. L'altitude grimpe, le cerveau sous pression commence à dérailler. Celui de Loretan est le premier à battre la breloque. Beghin n'est plus là mais il n'arrive pas à se faire à l'idée. Il a l'impression qu'un troisième alpiniste les suit toujours. Vers minuit, les voici arrivés au pied de la barre rocheuse qui marque le début du couloir Hornbein, passage clé de l'ascension. La neige est toujours aussi profonde et la progression de plus en plus épuisante. Ils ne savent plus trop quelle heure il est mais il faut faire une nouvelle pause dans la nuit glaciale.

Vers 4 heures du matin, ils repartent en claquant des dents. Toujours cette satanée neige qui leur arrive aux genoux, parfois jusqu'aux coudes. Le peu de lucidité et d'énergie qu'il leur reste est consacré au comptage des pas, technique éprouvée d'himalayiste fatigué. Trente pas, une pause... vingt pas, une pause... dix pas, une pause... plus ça va, plus les séries sont courtes... Et puis, à 14 h 30, environ quarante heures après leur départ du camp de base, Erhard Loretan et Jean Troillet sont au sommet de l'Everest. Pierre Beghin est là aussi. Il a pourtant fait demi-tour il y a une éternité mais le cerveau d'Erhard a décidément beaucoup de mal à assimiler cette information. Annie Beghin, la femme de Pierre, est aussi dans le coin. Erhard croit entendre sa voix. Largement confus, le Suisse tente de résumer la situation dans le dictaphone en commençant par se tromper d'un jour et parle d'un départ du camp dans la soirée du 28 et non du 29. La suite n'est pas beaucoup plus claire : « *Pierre est redescendu ce matin également, enfin pas également non. Il est redescendu ce matin et on a continué les deux tous seuls, Pierre, non Jean, et moi-même.* » La date et les personnages sont approximatifs mais le décor est bon : « *J'aurais jamais cru... pouvoir arriver là... sur cet Everest...* » Sa voix, comme son cerveau, semble marcher au ralenti et tire sur les mots : « *C'est maaaaagnifique !* » Jean Troillet, lui, se contente d'apprécier le moment, même si pour lui, la fête n'a pas encore véritablement commencé.

Les deux hommes restent une heure et demie au sommet. Ils font quelques photos, se prélassent, et quand ils sentent que l'heure est venue, ils se lancent dans la descente en glissant sur les fesses comme des dératés en profitant de la bonne couche de neige. Sur la fin de la descente, au pied de la face, Jean Troillet fait une pause, jette un coup d'œil à la montagne qu'il vient de gravir, cligne des yeux, jette un nouveau coup d'œil et, grâce à cette fameuse présence d'esprit, s'empare de son dictaphone pour y déposer ces mots devenus légendaires. Plus de trente ans après, il se souvient parfaitement de ce qu'il a vu, ou cru voir ce jour-là. Il n'avait pas tout dit au dictaphone. Même à travers le téléphone, on perçoit un sourire qui en dit long sur la façon dont il a vécu ces moments invraisemblables : « *Dans la face, je voyais des vieux sacs postaux américains. Ils étaient violets. J'ai vu aussi des danseuses de ballet qui flottaient dans l'air comme Peter Pan et Tinker Bell. Et puis il y avait aussi des gens de trois ou quatre mètres qui grimpaient dans la face à côté. Et ce transformateur posé sur un nuage avec des câbles qui partaient dans tous les sens au-dessus de notre camp. Un moment après, j'ai vu Erhard arriver avec une autre personne à côté de lui. Mais quand il est arrivé près de moi, il était seul...* »

Si on résume, il a donc vu « *en l'espace d'une grosse demi-heure* », une sorte de clown, des petits rats de l'opéra virevoltant dans l'air, des sacs violets pleins de courrier, des grimpeurs gigantesques, une petite centrale électrique et deux Loretan côte à côte. Un aller-retour au sommet de l'Everest vaut tous les LSD du monde. Mais le trip se mérite et il n'est certainement pas moins dangereux qu'un abus de substances illicites : « *Pour moi, ce n'était pas forcément lié à l'altitude. Je pense que c'est surtout la déshydratation parce qu'on avait simplement pris un demi-litre d'eau pour deux jours. Ça faisait un moment qu'on mangeait de la neige. On était très fatigués bien sûr mais il y avait peut-être la tension qui retombait aussi, un relâchement après toutes ses heures de stress.* »

Pendant la descente, Loretan et Troillet ont retrouvé Pierre Beghin à l'emplacement de leur bivouac. Le vrai Pierre Beghin, pas celui qui était au sommet avec eux. D'ailleurs, le Français n'ira pas au sommet. Il tentera bien de repartir vers le haut quelques heures plus tard mais le manque de sommeil et d'oxygène aura finalement raison de sa volonté. Pendant ce temps-là, les deux avions de Swissair arrivent au camp de base avancé, trois heures seulement après avoir quitté le Toit du monde. C'est la descente en ramasse la plus folle de l'histoire. Quarante heures pour monter, trois pour descendre : l'ensemble n'est pas mal non plus.

Mais puisque Jean Troillet a la mémoire longue et qu'il ne rechigne pas à raconter ses aventures d'en haut, reprenons le début de sa fameuse tirade : « *J'ai déjà eu des hallucinations au K2.* » Le K2, c'était l'été précédent, déjà avec Loretan mais aussi avec Pierre Morand et Éric Escoffier. Une ascension express : sommet quinze heures après le départ du camp 2 et descente d'une seule traite jusqu'au camp 3. Effort violent, les cerveaux ont du mal à suivre et envoient des informations fallacieuses : Pierre Morand voit notamment « *une femme noire en bikini* ». Pour Jean Troillet, c'est une sorte d'apéritif avant l'Everest : « *Au K2, ça n'était pas énorme. Je grimpais avec Escoffier et à un moment, on a fait une pause pour attendre Pierre Morand. Et tout à coup, je vois deux Pierre Morand qui arrivent.* » Heureusement, Escoffier est là pour le raccrocher à la réalité et lui affirmer qu'il n'y a bien qu'un seul Morand sur le K2. « *Alors je me suis dit : OK c'est des hallucinations, c'est pas grave.* »

C'est pas grave... Pour un grimpeur de la trempe de Jean Troillet, ce qui est grave, c'est de ne pas aller au sommet. On ne s'arrête pas sous prétexte que le cerveau déraille, ça fait partie du jeu. Il en garde d'ailleurs un souvenir plutôt agréable : « *Moi j'étais bien dans ces moments-là, c'est des souvenirs sympas ! Je n'ai ressenti aucune peur.* » Le Valaisan est retourné plusieurs fois à l'Everest après le chef-d'œuvre de 1986. En 1997, il avait amené son snowboard avec lui pour tenter de descendre de façon un peu plus orthodoxe que la fois précédente. Le vent l'obligera à faire demi-tour à 8 700 mètres mais pour compenser, l'Everest lui offre un nouveau feu d'artifice visuel : « *Juste en dessous du col, je regardais en bas et je voyais plein de monde qui bougeait mais il n'y avait que Stéphane Schaffter, le caméraman, qui était là. Mais je voyais plein de gens qui bougeaient d'une tente à l'autre. Et en bas, sur le glacier, je voyais un parking avec des petites voitures et des gens qui bougeaient. C'était extraordinaire !* »

Hormis la voix un peu molle, un intellect légèrement dégradé et un Pierre Beghin qui n'avait rien à faire là, Erhard Loretan n'a pas eu la chance de goûter aux mêmes joies que son fidèle compère à l'Everest : « *Erhard non, il ne voyait rien de ce genre. Il se moquait de moi, il me demandait ce que j'avais pris.* » Sa gigantesque carrière l'a mené au sommet des quatorze plus hautes montagnes du monde mais il n'a jamais vraiment eu le droit d'entrer dans le monde enchanteur de Jean Troillet, comme si la féerie choisissait ses hommes.

2

Ce que dit la science

La féerie n'a malheureusement rien à voir là-dedans... Le sommet de l'Everest est certes un endroit à part sur notre planète mais il n'a rien de magique. La science explique tout. Que le cocktail manque d'oxygène, fatigue, déshydratation et émotions intenses accouche de quelques divagations est finalement plutôt logique au regard de ce que l'on sait du fonctionnement du cerveau. Ce qui est mystique dans l'alpinisme, c'est cette lubie qui pousse les plus grands à se mettre dans de telles dispositions. La clé de l'hallucination en montagne tient plus dans l'acceptation de mourir pour le sommet que dans l'ouverture des chakras. On contentera à la fois illuminés et cartésiens en disant que l'un ne va pas sans l'autre.

Mais revenons à la science et cherchons à comprendre ce qui se passe dans le corps de l'alpiniste qui quitte le plancher des vaches. Les lois de la physique sont catégoriques : celui qui monte croise indubitablement la pression atmosphérique qui descend. C'est le lien entre cette dernière et la teneur en oxygène dans l'air qui rend la vie en altitude quelque peu rocambolesque. Un être vivant téléporté d'une plage du Cotentin au sommet de l'Everest s'effondrera en quelques instants, mais dans les profondes entrailles du corps humain se trouve, heureusement pour l'histoire de l'alpinisme, une fonction cachée : la capacité d'adaptation à l'altitude.

Pour contrer les effets néfastes du manque d'oxygène, l'alpiniste, cet être opiniâtre et rusé, commence par hyperventiler. Sur le sentier qui le conduit de l'aéroport de Lukla (2 860 mètres) au camp de base de l'Everest (5 360 mètres) *via* Namche Bazar, Tengboche et Lobuche, il augmente le rythme de ses battements cardiaques et de sa respiration pour offrir à ses organes vitaux le débit sanguin nécessaire. Après quelques semaines de montée progressive, par un prodigieux miracle de la nature, les globules rouges se multiplient et son sang commence à s'épaissir. Les fluides s'adaptent et l'alpiniste désormais acclimaté peut envisager d'aller au sommet sans s'évanouir en cours de route. Mais si les choses étaient si simples, les récits auraient moins de succès.

Même avec la tuyauterie adéquate, le passage entre le niveau de la mer et les hautes sphères s'accompagne bien souvent de quelques désagréments qui oscillent entre un léger mal de crâne et la mort. Manque d'appétit, nausées ou troubles du sommeil sont les premiers symptômes du célèbre mal aigu des montagnes dont l'œdème, cérébral ou pulmonaire, est la dernière étape. Pris en étau au milieu de ce grand remue-ménage, le cerveau aura bien du mal à garder son calme et pour peu qu'on lui ajoute les ingrédients qui font le sel du grand alpinisme, il s'autorisera quelques fantaisies délectables.

Mais d'abord, qu'est-ce qu'une hallucination ? Jean-Paul Richalet, professeur de physiologie à l'université Paris 13 et grand spécialiste de la médecine d'altitude, connaît bien le sujet : « *La définition d'une hallucination*, explique-t-il, *c'est qu'il y a une perception sans stimulus, c'est-à-dire qu'on voit des choses alors qu'il n'y a aucune raison qu'elles existent.* » Un transformateur sur un nuage ou des danseuses de ballet au-dessus du camp de base de l'Everest par exemple. « *Mais médicalement, on ne parle pas forcément d'hallucination dans tous les cas. Souvent, ce sont plutôt des illusions, en particulier quand on voit son propre corps qui se dédouble ou se déforme, ou bien quand on a l'impression d'avoir un compagnon imaginaire. Dans ce cas-là, on parle d'illusions somesthésiques, terme qui englobe les sensations, déconnectées de la réalité, de pression, de chaleur, les douleurs, ou encore la position du corps dans l'espace – comme pour les membres fantômes des personnes amputées. Mais ce ne sont pas des hallucinations.* » Comme avoir l'impression d'être en présence de Pierre Beghin alors qu'il est bien plus bas sur la montagne, pour continuer avec le magnifique cas d'école que nous offre la cordée Troillet-Loretan.

Attention aussi, la confusion avec l'œdème cérébral, pathologie bien connue des himalayistes, petits comme grands, qui s'en méfient autant que des avalanches : « *L'œdème cérébral est une conséquence du mal des montagnes et qui s'accompagne généralement de symptômes bien précis : maux de tête, trouble de l'équilibre et on tombe progressivement dans le coma. Alors que pour les phénomènes hallucinatoires, il n'y a pas d'anomalie quantifiable neurologiquement.* » L'alpiniste qui hallucine ne risque donc pas d'en mourir sauf si ça donne lieu à des comportements qui le mettent en danger. Et notre spécialiste de citer l'exemple de ces alpinistes japonais qui auraient sauté du sommet de l'Aconcagua en se prenant pour des oiseaux…

Autre distinction importante, celle entre l'hypoxie et l'hypocapnie : « *On pense souvent que l'altitude c'est uniquement le manque d'oxygène, mais en fait le manque d'oxygène entraîne une stimulation de la respiration, on se met à hyperventiler. Et quand on hyperventile, on baisse le taux de CO_2 dans le sang, ce qui déclenche une vasoconstriction des vaisseaux cérébraux et peut entraîner aussi des hallucinations. En haute altitude, on observe des phénomènes neurologiques dus à la fois à l'hypoxie et à l'hypocapnie, c'est-à-dire le manque de CO_2.* » Qui n'a jamais eu la tête qui tourne en gonflant la piscine des enfants ?

Puisque la médecine explique tout, elle sait aussi nous dire quelles sont les causes du phénomène hallucinatoire. En 1999, le Suisse Peter Brugger, éminent spécialiste lui aussi, a observé le comportement neurologique à très haute altitude de huit grimpeurs de classe mondiale (leurs noms sont restés confidentiels). À leur retour d'expédition, chaque grimpeur s'est soumis à une batterie de tests neurologiques et psychologiques. Aucune anomalie particulière n'a été décelée et il n'y avait pas de facteur de risque qui aurait pu expliquer que certains aient eu des hallucinations et d'autres non. Sur les huit grimpeurs, sept sont revenus avec de bonnes histoires et l'étude dénombre onze cas d'hallucinations visuelles, sept auditives et vingt-huit somesthésiques. La littérature de montagne en témoigne, la science semble le confirmer : l'apparition d'un compagnon imaginaire est le phénomène qui frappe le plus souvent l'alpiniste soumis au manque d'oxygène. Mais l'hypoxie est-elle le seul facteur déclencheur ?

L'étude du professeur Brugger semble montrer le contraire. Puisque la plupart des phénomènes ont été recensés au-dessus de 6 000 mètres, l'altitude est un facteur important mais on note également qu'ils interviennent souvent lors d'ascensions en solo. Une situation de danger imminent peut également faire dérailler le cortex, tout comme l'absence de stimulation sensorielle : un alpiniste qui marche pendant des heures dans un paysage tout blanc peut soudain voir son quotidien égayé par quelques visions colorées. Ceci expliquerait aussi pourquoi le marin solitaire ou l'égaré du désert ont parfois droit, eux aussi, à leur quart d'heure de récréation. Stress ultime pour le cerveau quand elles atteignent des niveaux indécents, la fatigue et la déshydratation seront les autres facteurs de risque.

Le professeur Richalet souligne également le rôle joué par la chimie du cerveau : « *Les endorphines qui sont sécrétées quand on est dans un état un peu second, induisent elles-mêmes des hallucinations.*

C'est l'un des facteurs biochimiques qui peuvent expliquer le phénomène. Il peut aussi y avoir une addiction aux endorphines : si on associe une expérience donnée avec un plaisir, par le biais des endorphines, on va rechercher la même expérience même si elle est extrêmement stressante au départ pour essayer de reproduire la situation. » Les alpinistes chercheraient ainsi les hallucinations en altitude comme ces marathoniens qui allongent les distances à la recherche d'un peu plus d'endorphines.

Mais concrètement, que s'est-il véritablement passé dans la tête de Jean Troillet ce 30 août 1986 ? « *On sait ce qui se passe dans le cerveau dans ces moments par association avec des maladies neurologiques bien connues qui s'accompagnent d'hallucinations. L'hypoxie entraîne des phénomènes de ce type parce que les cellules de notre cerveau aiment bien l'oxygène : quand on leur en enlève, elles ne sont pas contentes et parfois elles font un peu n'importe quoi. On pense qu'une zone du cerveau, le cortex temporo-pariétal, y est particulièrement sensible et peut donner ce genre d'expérience de perceptions anormales. Ça peut ressembler parfois à une sorte de crise d'épilepsie. L'épilepsie, c'est une décharge électrique qui traverse le cerveau brusquement et entraîne des stimulations non contrôlées. Certains pensent qu'en hypoxie, le cerveau se met en situation de stress et commence à décharger dans tous les sens, entraînant des manifestations anormales.* »

Samuel Vergès ne dit pas le contraire. Docteur en physiologie, il est, avec le professeur Richalet, l'autre spécialiste français de l'hypoxie. À l'hiver 2019, il a passé six semaines perché à 5 300 mètres d'altitude dans le village péruvien de La Rinconada pour tenter de percer le mystère de ces populations qui savent vivre là-haut. Le manque d'oxygène et ses effets, il connaît. Un peu plus bas que La Rinconada, l'observatoire Vallot, situé près du sommet du mont Blanc, est lui aussi un formidable bureau d'études pour les spécialistes. Le professeur Vergès y a récemment mené quelques expériences qui corroborent les dires de son éminent collègue : « *Les expériences menées en altitude montrent que l'excitabilité des neurones est perturbée par le manque d'oxygène et qu'ils ne répondent plus de la même façon. On a pu le mesurer en stimulation magnétique transcrânienne (on envoie un courant électrique sur le cerveau pour voir comment il réagit). En effectuant des IRM sur des sujets qui venaient de passer plusieurs jours en altitude, on a également observé des traces d'œdème.* » Mais les effets de l'altitude sur le cerveau humain, c'est aussi une histoire de débit sanguin : « *Le cerveau est probablement l'organe le plus sensible au manque d'oxygène car contrairement aux muscles qui savent recruter des nouveaux vaisseaux, il a très peu de capacité de débit sanguin.* »

Le physiologiste a aussi étudié les effets des sports d'ultra-endurance comme l'utra-trail : « *Des efforts très prolongés et des états de fatigue très profonds peuvent aussi induire des phénomènes de perturbations cérébrales importantes et donc d'hallucinations.* » C'est aussi le cas de l'alpinisme en haute altitude qui doit en plus ajouter le stress du manque d'oxygène et l'environnement affectif (risque, éloignement, solitude…) : « *C'est là que se croisent les aspects psychologiques et neurophysiologiques.* » D'après ses observations, un organisme qui arrive en expédition fatigué ou avec une fragilité affective se défendra moins bien contre l'hypoxie.

Reste à savoir pourquoi certains supportent mieux l'altitude que d'autres : « *En altitude, du liquide s'accumule dans la boîte crânienne. Une fameuse théorie dit que si on a un cerveau très contraint dans sa boîte crânienne et qui n'a pas beaucoup de place pour se dilater, il est plus vite sous pression.* » Le raccourci qui consiste à faire du crétin des Alpes le plus grand des himalayistes est tentant mais trop facile : « *Il y a aussi des différences sur un même individu d'une expérience à l'autre.* » Que Reinhold Messner se rassure !

La dernière remarque du professeur Vergès sonne comme un avertissement aux himalayistes les plus engagés : « *Passer quelques jours au-dessus de 5 000 mètres et redescendre, c'est certainement anodin. Par contre, séjourner plusieurs jours dans cette fameuse zone au-dessus de 7 000 mètres, ça pose des questions, en particulier au niveau du cerveau. Il y a quelques données d'IRM faites sur des alpinistes de très haut niveau qui ont passé beaucoup de temps au-dessus de 7 000. Elles semblent montrer un vieillissement accéléré. Des microlésions permanentes au niveau cérébral. Il ne semble donc pas très raisonnable de passer de nombreux jours au-dessus de 7 000 mètres sans oxygène. »*

Mais si écouter les recommandations des médecins faisait de grands aventuriers, ça se saurait.

3

Le vieux double

Si Stephen Venables avait pu passer une IRM sur les pentes de l'Everest ce printemps 1988, la médecine d'altitude aurait probablement fait un bond en avant. Entre le 10 et le 14 mai, l'alpiniste britannique a passé 93 heures sans oxygène au-dessus de 8 000 mètres, entre le col Sud et le sommet. 93 heures... presque quatre jours, dont deux en solitaire, agrémentés d'un bivouac à 8 500 mètres. On peut toujours courir pour reproduire l'expérience en laboratoire...

Les e-mails récemment échangés avec l'intéressé ne semblent pas montrer de gros soucis au niveau cérébral. Son expérience à l'Everest, il y a trente ans, a peut-être généré des microlésions mais elles n'ont *a priori* pas trop entamé l'intellect de l'alpiniste aujourd'hui âgé de 65 ans. L'expérience est cependant un peu courte pour réfuter la théorie du professeur Vergès puisque Stephen Venables n'était jamais monté au-dessus de 8 000 mètres avant l'Everest et il n'y est jamais retourné après. Ces quatre jours-là lui ont suffi.

1988 est un grand cru pour l'Everest. Cette année-là, la Néo-Zélandaise Lydia Bradey devient la première femme à atteindre le sommet sans oxygène, Marc Batard réussit l'ascension en moins de vingt-quatre heures pendant que Jean-Marc Boivin décolle en parapente depuis le sommet. Trois réussites historiques qui éclipsent peut-être l'aventure sensationnelle vécue par Venables et ses trois compagnons sur la gigantesque face Kangshung, du nom du glacier tibétain qui naît au pied du flanc est de la plus haute montagne du monde.

L'objectif de Robert Anderson, Paul Teare, Ed Webster et Stephen Venables est ambitieux : ouvrir une nouvelle voie en gravissant le pilier situé sur la gauche de la face, puis en se frayant un chemin jusqu'au col Sud en priant pour que les énormes séracs qui surplombent la face tiennent le coup. Et ensuite, filer au sommet *via* la voie normale depuis le col Sud. La face a déjà été gravie en 1983 par une lourde expédition américaine qui n'avait pas lésiné sur l'oxygène et le matériel mais Robert Anderson, leader de l'expédition, conçoit une ascension légère en style alpin. Une petite équipe, pas d'oxygène, pas de sherpa. Seules quelques cordes fixes faciliteront la descente dans les passages les plus difficiles. Engagement total. Celui où l'orteil qui ne gèle pas est synonyme d'échec. Celui où l'on ne se soucie de sa survie qu'après avoir atteint le sommet. Celui qui, logiquement, ouvre les portes de l'irrationnel.

Le 1er mai, après six semaines d'allers-retours dans la face pour installer les cordes et s'épaissir le sang, les quatre hommes atteignent 7 450 mètres et une large rimaye baptisée *Flying Wing* qui constitue l'emplacement du camp 2. Le plus gros de la face est gravi et le 10 mai, ils parviennent au col Sud, porte des enfers, où souffle un vent de tous les diables. Ils ont réussi à tracer leur nouvelle voie dans la face, mais c'est bien là que débute leur voyage au pays des merveilles. Ce sera sans Paul Teare, le Canadien de l'expédition (Anderson et Webster sont américains), qui, malade comme un chien, préfère redescendre vers le monde réel. Dans l'après-midi du 11, le vent se calme enfin et à 23 heures, Anderson, Webster et Venables s'encordent dans cet ordre puis s'élancent vers le sommet qu'ils espèrent atteindre le lendemain en fin de matinée.

Très vite, Venables demande à prendre la tête. Il se sent en grande forme après ce jour de repos venteux. Tellement en forme que la corde le ralentit plus qu'autre chose. Et le voilà bientôt libre de tracer à son rythme, bien plus rapide que ses deux compagnons. La seule chose qui l'inquiète vaguement, c'est de ne plus sentir les orteils de son pied gauche : « *Mais je m'étais préparé à être un peu irresponsable et j'étais prêt à risquer mes orteils pour le sommet* », écrit-il dans son livre *Alone at the Summit*. Il est désormais complètement seul dans la nuit noire et silencieuse, avec le sommet de l'Everest comme unique pensée fiévreuse. Il vient de refermer la porte derrière lui.

Vers 3 h 30, il se rend compte qu'il n'est pas si rapide que ça et que l'objectif d'atteindre le sommet en fin de matinée est déjà illusoire. La route est encore beaucoup trop longue et le manque d'oxygène se fait de plus en plus sentir… Bientôt le soleil se lève et lui offre un panorama magistral sur les sommets environnants. Il reconnaît la silhouette majestueuse de l'Ama Dablam, la haute pyramide du Makalu, l'impressionnant contour du Jannu. Il pense à Carlos Buhler, l'un des membres de l'expédition de 1983, qui, à cette heure-ci, doit être non loin de là, en route vers le sommet du Kangchenjunga avec Peter Hillary. Ce sera l'une de ses dernières pensées avant qu'un féroce mélange de fatigue et d'hypoxie ne vienne embrumer son esprit encore sain.

C'est d'abord le sommeil qui le surprend à l'approche du sommet Sud. Il a peu dormi les dernières nuits et, peut-être encore plus que pour mettre un pied devant l'autre, il doit lutter pour rester éveiller. Il se voit un instant en train de faire la sieste sous le soleil en Espagne, avant de se ressaisir : « *Pas le temps de dormir, je dois continuer à avancer si je veux atteindre le sommet.* » (*Alone at the Summit*) Une pilule de caféine l'aide à repartir. Encore quelques pas et une première décharge électrique lui traverse le cerveau. Celui qui va l'accompagner durant le reste de sa chevauchée fantastique en altitude, lui apparaît une première fois. C'est un vieil homme, plutôt sympathique. Venables ne peut pas l'identifier mais il le voit comme une sorte d'alter ego qui l'encourage et le conseille : « *C'était comme si ma personnalité s'était divisée en deux et que mon côté prudent, sage et compatissant contrôlait mon côté plus audacieux et impulsif. Mais aussi, parfois, il paraissait être une version plus vieille et plus fatiguée de moi-même et là, c'est moi qui devais prendre soin de lui.* » (E-mail)

L'arrivée d'une présence amicale dans les moments difficiles est toujours bonne à prendre. Si seulement le vieux avait pu aider à faire la trace... Cela fait maintenant douze heures que Venables a coupé le cordon avec ses camarades et la lassitude commence à attaquer sérieusement son organisme et son mental. Vers midi, il décide de faire une pause pour attendre Anderson et Webster qu'il aperçoit en contrebas. Webster est le plus rapide des deux et, dans un dernier coup de reins, il parvient pratiquement à sa hauteur. Mais c'est l'effort de trop pour son cerveau qui, lui aussi, commence à décharger.

Lorsqu'il lève la tête, ce n'est pas Venables qui lui apparaît mais des moines tibétains en train de célébrer une *puja*, ce fameux rite auquel procèdent les Sherpas avant une ascension pour demander la clémence aux esprits de la montagne. Au milieu des drapeaux de prière multicolores, les moines en robes violettes prient et chantent « *Om mani padme hum* », là, à 8 750 mètres d'altitude. Pour Webster, la présence des moines à cette altitude n'a rien d'anormal : « *Je ne voyais pas ce qui posait problème avec cette scène. Je n'attachais pas une grande importance à la présence des moines, ils étaient là, c'est tout.* » (*Snow in the Kingdom*) Puis, pendant quelques instants, c'est le trou noir. Lorsqu'il se réveille, les moines ont disparu et les chants de prière ont laissé place aux cris de Venables qui se demande bien ce qu'il fabrique : « *Tu viens ou pas ? Faut que tu m'aides à faire la trace !* » (*Snow in the Kingdom*) Mais pour Webster, c'en est trop. Il réalise que s'il va au sommet, il ne reviendra pas, comme Mick Burke disparu dans les environs en 1975, et dont le souvenir le hante. Venables, fou de rage d'avoir attendu pour rien, reprend son ascension. En solitaire, ou presque…

À 13 h 30, l'Anglais atteint finalement le sommet Sud. D'après le plan initial, il devrait à cette heure-ci se trouver à peu près au même endroit mais redescendant du sommet. Il sait qu'il sera désormais difficile d'aller au bout et de revenir au col Sud avant la nuit mais il a la fièvre du sommet, il est trop proche du but, le demi-tour n'est plus possible. Le vieil homme pointe le bout de son nez à l'occasion, tout comme les pilules de caféine qui le maintiennent éveillé. Soudain, alors que le ressaut Hillary se profile à l'horizon, son sang se fige. Il voit des points rouges et verts dans la neige. Serait-ce une hémorragie rétinienne, prémices de l'œdème cérébral ? Ce genre de pathologie à cette altitude a bien souvent des conséquences funestes, surtout pour l'alpiniste solitaire. Il cligne violemment des yeux et découvre, soulagé, que les points ont disparu.

Au pied du ressaut Hillary, Venables découvre deux bonnes surprises. La première, c'est que le ressaut est en bonnes conditions. La neige est ferme, rien à voir avec celle qui avait conduit Dougal Haston à prendre tous les risques à ce même endroit en 1975, lors de la mythique première ascension de la face sud-ouest. La deuxième bonne surprise, c'est qu'un pub anglais a été construit au beau milieu du ressaut. Un vrai pub authentique, avec une cheminée. Réconforté par cette apparition inattendue, l'alpiniste s'assoit à côté d'une jolie jeune fille et accepte bien volontiers la pinte de Guinness que le serveur lui tend : « *La vision m'apporta un bref moment de chaleur et de réconfort puis je me retrouvai* à *nouveau seul sur le ressaut Hillary.* » (*Alone at the Summit*) Sans transition.

Le ressaut Hillary est le dernier obstacle sur la route qui conduit vers le Toit du monde où une nouvelle bonne surprise l'attend : il y a du monde au sommet ! Trois alpinistes sont assis, là, dans la neige, à observer le paysage en silence. Ils sont assis sur leurs chapeaux. Venables pense instantanément qu'il s'agit de membres de l'expédition des Services britanniques qui visaient l'ascension par l'arête ouest à la même période (expédition qui fera en fait demi-tour à 8 550 mètres une semaine plus tard). Il les interpelle à plusieurs reprises mais n'obtient pas de réponse. Ça l'agace fortement. Mais lorsqu'il arrive à son tour au sommet, il se rend compte de la supercherie : « *En me rapprochant lentement de ces trois personnes aux visages sans expression, je réalisai tristement qu'il n'y avait personne au sommet...* » (*Alone at the Summit*) Les chapeaux étaient en fait trois vieilles bouteilles d'oxygène abandonnées par d'anciennes expéditions.

Stephen Venables a passé dix minutes au sommet de l'Everest ce 12 mai 1988. Dix minutes hors du temps pendant lesquelles il n'est même plus capable de dire ce qu'il ressent. Il sait qu'il doit faire des photos mais le simple fait d'y penser le fatigue. Sans conviction, il tente un cliché en direction du sommet puis range l'appareil : « *Je n'avais ni le mental, ni l'énergie pour réenclencher l'appareil.* » (*Alone at the Summit*) La seule photo du sommet est un flou artistique zoomé sur les bouteilles d'oxygène ornées des drapeaux de prière sous lesquels on distingue deux enveloppes contenant des pétales de fleurs laissées par l'expédition asiatique la semaine précédente. Le cliché est douteux mais, coup de chance, suffisant pour authentifier l'ascension. Ça tombe bien parce que le vieil homme a encore disparu. Il ne pourra pas témoigner... La suite, délirante, ressemble plus à un sketch des Monty Python qu'à une descente de l'Everest.

À 15 h 50, Venables quitte le Toit du monde et entame sa longue descente vers le monde des vivants. Au-dessus de sa tête, de vilains nuages se rapprochent de plus en plus. La neige commence à tomber et dans trois heures, la nuit sera déjà là. Malgré le brouillard qui l'enveloppe, il retrouve son chemin jusqu'au ressaut Hillary au pied duquel il s'effondre après un rappel qui le vide de ses dernières forces. Une crise d'hyperventilation plus tard, il reprend sa descente : « *Mourir aurait été la chose la plus facile au monde mais j'aurais eu l'air si bête... je devais descendre.* » (*Alone at the Summit*) C'est là que le récit de Venables passe à la première personne du pluriel. Il ne dit plus « je » mais « nous ». Le vieil homme est de retour.

Entre deux crises d'hyperventilation, les deux hommes réussissent tant bien que mal à perdre un peu d'altitude en glissant sur les fesses. Venables, lucide dans son délire, a pitié de son compagnon qui, tout en flegme britannique, trouve tout ça un peu « *too much* ». L'instant d'après, le vieux reprend du poil de la bête et se transforme en un musicien qui ne glisse plus sur les fesses mais sur son violoncelle. Venables, grand amateur de musique classique, croit reconnaître un concerto de Dvorak puis, sur les conseils du musicien redevenu vieillard, urine dans son pantalon... Il est désormais 21 heures, il fait noir, il faut bivouaquer. Encore un conseil du vieux sage.

Là, à 8 500 mètres d'altitude, par - 20 °C, dans l'obscurité totale, Stephen Venables et son vieux double s'assoient sur une petite banquette glacée et entreprennent de passer la nuit. Mais leur position semble faire des envieux et bientôt une petite foule se presse avec eux sur l'étroite banquette, ce qui n'est pas sans provoquer quelques tensions. La jeune fille qui essaye de réchauffer les mains gelées est froidement accueillie par le vieil homme qui se montre extrêmement condescendant avec elle alors que feu Eric Shipton reçoit un bien meilleur accueil. Puis d'autres personnes tentent de s'organiser pour leur masser les pieds. L'opération est dirigée par Mike Scott, le fils de Doug qui connut lui aussi un drôle de bivouac non loin d'ici en 1975. Trente ans après, la famille Scott en rit encore : « *Je ne connais pas Mike mais je sais que son père et lui ont bien rigolé avec cette histoire.* » (E-mail)

Lorsque l'aube pointe enfin le bout son nez, les compagnons nocturnes de Venables tentent une petite blague en lui faisant croire que des bergers l'attendent juste à côté dans des tentes avec de la nourriture et un feu bien chaud. Taquins à souhait, ils vont même jusqu'à le laisser seul un moment pour aller profiter du festin : « *C'était bon d'être tranquille pendant un moment.* » se souvient-il (*Alone at the Summit*). Mais quelques instants plus tard, les voilà qui reviennent, goguenards. Pendant qu'il se les gelait sur sa banquette, ils avaient profité d'un bain chaud et d'un bon repas. Hallucinations, rêves ou mélange des deux ? A-t-il seulement dormi ? Sûrement un peu sur la fin : « *Je me rappelle m'être réveillé et avoir soudain réalisé que la nuit était terminée.* » (*Alone at the Summit*) La fête aussi est terminée… Au réveil, tout le monde est rentré chez soi, même le vieil homme. Reste notre alpiniste, seul avec sa gueule de bois et ses pieds gelés.

Le temps de s'ébrouer pour faire tomber la glace accumulée pendant la nuit, et il reprend sa descente maladroite. Le col Sud est encore loin mais voilà qu'il aperçoit deux silhouettes un peu plus bas. Encore une hallucination ? Non, c'est Webster et Anderson qui, eux aussi pris par l'obscurité, ont passé la nuit dans une vieille tente abandonnée par une expédition japonaise. Webster raconte les retrouvailles : « *C'était l'homme le plus fatigué qu'il m'ait été donné de voir. Son visage était livide et sa combinaison était recouverte de givre. Ses lunettes pendaient autour de son cou et il avait encore sa frontale sur la tête. Il nous a dit d'une voix très faible : "Je l'ai fait".* » (*Snow in the Kingdom*)

Quelques heures plus tard, les trois hommes s'engouffrent dans leur tente où ils retrouvent le réchaud qui leur permet de faire fondre un peu de neige. Venables a bu moins d'un litre d'eau ces dernières vingt-quatre heures… Ils n'ont pas la force de poursuivre la descente et passent la nuit bien au chaud dans leurs duvets. Le lendemain matin, après presque quatre jours passés à 8 000 mètres et au-dessus, Anderson, Webster et Venables, bien vivants, quittent le col Sud et s'engagent dans la dernière partie de leur voyage fantastique. Le 14 mai, en fin de journée, ils atteignent le camp 2 à 7 450 mètres où, ravagés de fatigue, ils passent deux nouvelles nuits. Le 16 au matin, ils doivent se faire violence pour fuir vers le bas et le camp de base où on ne les attend plus. La perte d'altitude n'empêche pas les cerveaux, tiraillés par la faim, d'offrir un dernier feu d'artifice à leurs yeux qui ne croient plus en rien. Au beau milieu de la face, Venables est soudain accueilli par « un Français très grand, avec la tête rose », qui, posté sous un pavillon rayé, lui offre du camembert, du saint-nectaire, du roquefort et du vin. Mais on ne la lui fait plus… il sait qu'il devra attendre d'être en bas pour se sustenter.

Stephen Venables et Ed Webster ont atteint le camp de base avancé le 17 mai à 3 h 45 du matin. Robert Anderson qui s'infligera un dernier bivouac juste au-dessus du camp 1, y parviendra dans la soirée. Le 8 juin, Stephen Venables, premier Britannique au sommet de l'Everest sans oxygène, était de retour à Londres, des souvenirs et des microlésions plein la tête.

4

Rencontre du troisième type

Le vieil homme qui accompagna Stephen Venables lors de son périple sur les pentes supérieures de l'Everest n'est pas un inconnu. De nombreux alpinistes fatigués ont eux aussi senti une présence dans leur dos dans des moments difficiles. Les spécialistes savent parfaitement identifier le phénomène que le professeur Richalet et ses confrères classent parmi les illusions somesthésiques et que l'auteur canadien John Geiger a popularisé sous le nom de « troisième homme ». Dans un livre paru en 2009 sous le titre *The Third Man Factor* (paru en français sous le titre *L'Ami invisible*, Jean-Claude Lattès, 2012), Geiger fait un recensement qui ne se cantonne pas à l'alpinisme puisqu'il rassemble aussi des témoignages de plongeurs, d'aviateurs, de prisonniers de guerre et même de rescapés du 11-Septembre. Bref, des gens dans des situations périlleuses, voire en grande détresse.

Comme aime à le rappeler Stefan Zweig, singulier biographe du navigateur Magellan : « *Ce que nous appelons l'Histoire n'est nullement la somme des événements qui se sont déroulés dans le temps et l'espace, mais seulement la petite partie d'entre eux qui est passée dans*

l'œuvre des poètes ou des savants. Que serait Achille sans Homère ? »
Depuis la nuit des temps, l'Homme crapahute, grimpe et s'aventure par vaux et surtout par monts où il hallucine inéluctablement à l'occasion. Quelque part enfouies dans les méandres ignorés de l'histoire dorment probablement quelques solides aventures qui n'ont jamais connu de récit.

Le premier à avoir transmis son expérience à la postérité est le Britannique Ernest Shackleton qui, en 1914, entreprit de traverser l'Antarctique avec quelques camarades motivés. Leur navire – l'*Endurance* – piégé par les glaces, ils ne mirent jamais les pieds sur le continent gelé et ils ne durent leur survie qu'à une improbable odyssée dont l'acte final fut la longue traversée de la Géorgie du Sud, île montagneuse perdue aux confins de l'Atlantique et dont certains sommets dépassent allègrement 2 000 mètres d'altitude. De l'alpinisme donc. « *Pendant cette marche longue et torturante de trente-six heures parmi les montagnes et les glaciers inconnus, il me semblait souvent que nous étions quatre et non pas trois* », racontera Shackleton dans son célèbre *L'Odyssée de l'Endurance*. Cette impression, corroborée par ses seconds Franck Worsley et Thomas Crean, est donc le premier témoignage officiel du phénomène du « troisième homme » et serait à l'origine de l'appellation.

La cordée Shackleton étant composée de trois hommes, le compagnon supplémentaire aurait logiquement dû être baptisé le « quatrième homme » mais en 1922, le poète britannique T. S. Eliot lui donne son surnom officiel lorsqu'il publie son célèbre poème *La Terre vaine*. Dans la cinquième partie, intitulée « Ce qu'a dit le tonnerre », Eliot met en scène deux personnages qui errent, déshydratés, dans la montagne :

Ici point d'eau mais seulement du rocher
Du rocher et point d'eau et la route sablonneuse
La route en lacets qui monte dans les montagnes

Qui sont des montagnes de rocher sans eau
S'il y avait de l'eau nous ferions halte et boirions

Quelques vers plus loin, Eliot, selon ses notes personnelles, s'inspire directement de l'expérience mystique de Shackleton :

Quel est donc ce troisième homme qui marche à ton côté ?
Lorsque je compte il n'y a que nous deux
Mais lorsque je regarde au loin la route blanche
Il y a toujours un autre qui marche à ton côté
Furtivement enveloppé d'un manteau brun,
encapuchonné, homme ou femme, je ne sais
– Mais qui est celui-là qui marche à côté de toi ?

Les différentes études scientifiques sur le phénomène ayant prouvé que la solitude était l'un des principaux facteurs déclencheurs, on est en droit de se poser des questions sur le bien-fondé de l'appellation… mais puisque le poète a toujours raison…

Parmi les cas recensés par Geiger, beaucoup concernent les alpinistes qui ont fait l'histoire et les classiques de la littérature alpine. En 1924, à l'Everest, Howard Somervell et Edward Norton atteignent 8 530 mètres sans utiliser d'oxygène artificiel. Norton poussera même jusqu'à 8 570 mètres en solitaire mais c'est bien Somervell qui racontera plus tard avoir souvent senti « *la présence d'un compagnon qui ne faisait pas partie de leur équipe* ». Il racontera aussi avoir eu, à un moment, l'étrange sensation de se trouver au milieu d'un champ entouré d'un gigantesque mur vert. Le champ représentant, selon lui, les capacités humaines et le mur les limites des hommes (*Explorers of the Infinite*).

En 1933, toujours à l'Everest, c'est Frank Smythe qui atteint à peu près la même altitude que Somervell neuf ans plus tôt. Épuisé, son compagnon de cordée Eric Shipton a fait demi-tour quelques instants auparavant laissant Smythe continuer seul.

Comme Somervell, il raconte que durant son escalade solitaire, il a la sensation que quelqu'un l'accompagne. L'impression est si vive qu'il va jusqu'à partager en deux son cake à la menthe pour en offrir un morceau à son compagnon invisible. Et comme Somervell, Smythe aura lui aussi quelques hallucinations dans la foulée. Il dit notamment avoir aperçu « *deux objets noirs flottant dans le ciel bleu. Leur forme était celle des saucisses d'observation* [ou « des ballons captifs » selon les traductions], *sauf que l'une d'entre elles paraissait munie de courts ailerons* » (*L'Aventure alpine*).

Altitude, fatigue et émotion extrêmes : l'ascension – et que dire de la descente ! – de Maurice Herzog et Louis Lachenal à l'Annapurna en 1950 avait le profil mais curieusement, c'est à Marcel Ichac que le troisième homme est apparu au retour de la marche de reconnaissance vers le Dhaulagiri en tout début d'expédition. Herzog, pas encore acclimaté, est à la traîne malgré l'altitude peu élevée et c'est Ichac qui fait la trace dans la neige profonde. De retour au camp de base provisoirement installé dans le village de Tukucha, Ichac confie à Herzog avoir senti une curieuse présence dans son dos lors de leur éreintante promenade : « *Je marchais comme une brute. Il m'a semblé entendre derrière moi quelqu'un d'autre... un troisième homme... il nous suivait. Je voulais te le crier. Impossible. Furtivement, je jetai un coup d'œil en arrière pour me tranquilliser. Mais comme une idée fixe, la sensation d'une présence revenait. Puis tout s'est calmé.* » (*Annapurna, premier 8 000*)

Hillary et Tenzing ayant atteint le Toit du monde dans un fauteuil lourdement alimenté en oxygène, il faut passer directement à l'odyssée lunaire d'Hermann Buhl au Nanga Parbat le 3 juillet 1953 pour retrouver la trace du troisième homme. Ce jour-là, Buhl réussit au prix d'un effort démentiel l'un des plus grands exploits de l'histoire de l'alpinisme. Après avoir envoyé bouler son chef d'expédition qui ordonnait le repli de ses troupes, il quitte seul le dernier camp et file vers le sommet qu'il atteint, épuisé, à la tombée de la nuit. Le bivouac dantesque qui s'ensuit tente d'achever la bête qui réussit pourtant à ramper jusqu'au camp où ses camarades inquiets l'attendaient. Au plus fort de sa détresse physique, Buhl trouve sur sa route le fameux compagnon imaginaire mais aussi des voix qui l'appellent par son nom et l'aident à tenir le coup. Mais sa survie, l'Autrichien la doit probablement plus aux cachets de pervitine – un puissant stimulant comme en prescrivaient alors tous les médecins d'expédition – plutôt qu'aux dérives de son cerveau fatigué. Et puisque les Français n'avaient pas lésiné sur le Maxiton à l'Annapurna, c'est probablement dans la solitude du grimpeur autrichien que l'on trouvera l'ingrédient hallucinogène qui manqua à Herzog et Lachenal.

Hormis à l'Everest, à l'Annapurna et au Nanga Parbat, la glorieuse époque de la conquête des 8 000 est pauvre en histoires de survie et donc en phénomènes hallucinatoires et c'est finalement à l'avènement de Reinhold Messner que l'on doit le retour du troisième homme sur le devant de la scène himalayenne. Au Nanga Parbat d'abord, lors de sa traversée abracadabrantesque qui coûta la vie à son frère Günther en 1970 : « *Dans la zone sommitale, gouverné par le seul instinct de survie, je me suis souvent vu de l'extérieur. Comme si mon esprit était séparé de mon corps !* » écrit-il en introduction de son récit (*La Montagne nue*) avant de détailler plus loin les événements survenus dans son cortex lors de la descente pour le moins épique qui passe par quelques mondes parallèles où l'on ne sait plus trop qui est avec qui : « *Soudain, un troisième alpiniste est près de moi. Un être descend avec nous. Je le sens un peu à droite de moi, à quelques pas, hors de mon champ de vision. Je ne pourrais voir sa silhouette sans abandonner la concentration requise par la désescalade, mais je suis sûr qu'il y a là quelqu'un.* » Le troisième homme lui apparaîtra à nouveau durant ses fameux solos au Nanga Parbat en 1978 puis dans la face nord de l'Everest en 1980. Comme Frank Smythe pratiquement au même endroit quarante-sept ans plus tôt, il ira jusqu'à partager son quatre-heures avec son compagnon invisible.

Le troisième homme, qui mange décidément à tous les râteliers, aura également le privilège de se faire servir le thé par le Polonais Jerzy Kukuczka lors d'une ascension solitaire au Makalu en 1981. Ce geste de partage qui revient souvent dans les récits corrobore les témoignages qui évoquent la plupart du temps un compagnon impossible à identifier mais dont la présence est plutôt rassurante. Certains, comme Frank Smythe, le décrivent d'ailleurs comme une sorte de guide, voire d'ange gardien. L'alpiniste australien Greg Child, qui a expérimenté le phénomène au Broad Peak en 1983, en parle comme d'un allié : « *Nous avions tellement besoin d'aide que j'ai pu imaginer que nous avions cette aide : un allié irréel pour combler ce besoin psychologique vital, avoir de la compagnie* », écrit-il dans *Théorème de la peur*.

Krzysztof Wielicki, lui, n'était pas forcément en grande détresse lorsqu'il l'a senti arriver dans son dos au Dhaulagiri en 1990, il était simplement bloqué : « *J'étais sur une paroi très raide et je ne pouvais plus monter, ni descendre. J'étais très fatigué bien sûr mais j'étais surtout bloqué. Je n'avais pas peur mais j'avais probablement besoin d'une aide extérieure à ce moment-là.* » Certains prisonniers torturés par la CIA au camp de Guantanamo peuvent en attester : un individu enfermé plusieurs jours dans une pièce vide, blanche, sans fenêtre, sans son ni odeur finira probablement par être victime d'hallucinations et peut-être par rencontrer le troisième homme qui se complaît dans le vide, le silence et l'immobilité. L'alpiniste et guide français Erik Decamp en a fait l'expérience un jour qu'il arpentait la montagne dans le brouillard : « *C'était une impression fugace plus qu'un vrai sentiment de présence. Mais je crois que c'était surtout dû à une attention très forte. Comme on ne voit rien dans le brouillard, tout peut être menace et du coup, on est aux aguets. Et comme il n'y a pas grand-chose à se mettre sous la dent, on surinterprète le moindre bruit ou le moindre événement. Est-ce qu'il n'y a pas une espèce d'amplification des sensations ?* »

En 2013, Stéphane Benoist et Yannick Graziani ont atteint le sommet de l'Annapurna après une ascension mémorable de la face sud en style alpin. Le matin du dernier bivouac avant le sommet, comme Yannick mettait du temps à se préparer, Stéphane est parti seul devant, sachant que son compagnon allait le rattraper. Durant ce laps de temps, finalement plus long que prévu, Stéphane raconte avoir senti non pas une, mais plusieurs présences autour de lui : « *J'ai eu l'impression d'être un peu comme au mont Blanc, avec d'autres cordées autour de moi. Mais c'était quelque chose d'amical, pas d'oppressant.* » Solitude ? Stress ? Fatigue ? Déshydratation ? Concentration aiguë ? Stéphane ne sait pas dire à quoi tout cela est dû : « *Je n'ai pas d'analyse, aucun recul. Je suis concentré sur ma respiration et j'essaye juste de gratter quelques pas pour aller vers le haut. À ce moment-là, mon monde est vraiment tout petit.* »

De l'analyse de tous ces témoignages, John Geiger isole peu ou prou les mêmes facteurs déclencheurs sus-énoncés par le professeur Richalet. Il en ajoute néanmoins un nouveau qu'il semble intéressant de ne pas négliger : une certaine réceptivité au mysticisme.

5

Le cas Carsolio

Carlos Carsolio est le quatrième homme. Erhard Loretan a senti sa présence dans son dos au début des années 1990 alors qu'il voyait la ligne d'arrivée de la course aux quatorze 8 000 se dessiner. Parti bien après le Suisse, Carsolio a comblé son retard en à peine deux saisons en gravissant trois 8 000 en 1994 puis quatre en 1995. L'alpiniste mexicain n'aurait certainement pas rechigné à lui filer un petit coup de main en cas de pépin mais son idée première était surtout de lui passer devant pour lui souffler la place sur le podium, derrière Reinhold Messner et Jerzy Kukuczka. Mais Loretan a tenu bon et Carsolio a fini quatrième.

Mais cette course qui consiste à gravir les quatorze sommets de plus de 8 000 mètres que compte notre planète, Carsolio n'en faisait pas une maladie. Loretan non plus du reste. L'ordre d'arrivée importait probablement plus aux médias et aux sponsors qu'aux grands himalayistes qui n'ont jamais mis de côté leur éthique pour gagner quelques mois. Que ce soit Messner, Kukuczka, Loretan, Carsolio ou Wielicki, qui termina cinquième, le credo était le même : plutôt finir dernier que d'emprunter une voie normale sous oxygène. Pour le Mexicain, la démarche est même encore plus profonde. Plus que le sommet, il allait chercher là-haut ce qu'il a fini par appeler « les moments de réalité étendue ».

« Il y a une chose dont je suis certain, c'est qu'une fois que tu as connu ce genre d'expérience, c'est plus facile de les connaître à nouveau. Tu ouvres le canal. J'étais à la recherche de ces moments dans chaque expédition. C'est pour cette raison que je voulais grimper seul et sur des voies difficiles. C'est une sorte d'addiction spirituelle », a-t-il expliqué à Maria Coffey, auteure du livre *Explorers of the Infinite* paru en 2008. Bigre : la science vacille !

Son canal, Carlos Carsolio l'ouvre en 1985 lorsqu'il gravit son premier 8 000, le Nanga Parbat, *via* le pilier sud-est du gigantesque versant Rupal, au sein d'une grosse expédition polonaise qui comprend notamment Jerzy Kukuczka. Sur la fin de l'ascension, la météo vire au cauchemar et les quatre alpinistes de pointe, qui ne voient pas plus loin que le bout de leurs piolets, communiquent entre eux par radio et en anglais puisque Carsolio ne parle pas polonais. Sur une paroi comme le Rupal, qui dit ascension difficile dit descente infernale, surtout quand les gourdes sont vides... Au camp de base, l'équipe de soutien, encore marquée par la mort de Piotr Kalmus emporté par une avalanche près du camp 2, suit fiévreusement les conversations radio qui confirment que la descente a viré à l'épreuve de survie. Se comprendre n'est plus vraiment une priorité et la langue de Shakespeare a progressivement disparu des ondes.

D'après Carsolio qui, comme ses trois compagnons, a survécu à la descente, l'enregistrement de leurs conversations est la preuve qu'il se passe là-haut des choses surnaturelles : *« Malgré la barrière de la langue, nous pouvions nous comprendre parfaitement. Nous avions trouvé un autre canal de communication. »* (*Explorers of the Infinite*) Les plus facétieux diront que Carsolio ne parle polonais que sous la torture mais dans l'étude publiée en 1999 par le professeur Brugger, se trouve ce témoignage d'un grimpeur lui aussi devenu bilingue le temps d'une ascension solitaire autour de 6 000 mètres : *« J'ai entendu quelqu'un parler français.*

La voix semblait venir de mon corps et je me suis entendu répondre, en français aussi. Étonnant quand on sait que je ne parle pas du tout cette langue… »

Il en faudra plus pour faire perdre son latin au cartésien qui ne verra là que sornettes échappées d'esprits trop ouverts. Dans le récit de l'ascension solitaire de Reinhold Messner au Nanga Parbat en 1978, une fin de paragraphe d'allure anodine, vient pourtant étayer ces témoignages saugrenus. À ce moment du récit, le Tyrolien est en proie à de sévères hallucinations qui mêlent des présences et des voix avec lesquelles il entretient diverses discussions qui le surprennent lui-même : « *Je ne prends plus de photos, mais je continue à m'adresser à mes interlocuteurs imaginaires – et en français, s'il vous plaît, bien que je n'aie jamais appris cette langue.* » Peu réputé pour ses galéjades, Messner n'est pas non plus du style à se perdre dans des croyances mystiques. Il a d'ailleurs toujours été clair à ce sujet. Pour lui, l'alpiniste qui s'engage dans une ascension périlleuse se doit de garder les pieds sur terre en toutes circonstances.

Ceux qui sont allés là-haut comparent souvent les effets de l'altitude à ceux de l'alcool : désinhibition, perte d'équilibre, diminution des capacités cognitives, etc. Les quelques expériences sauvagement menées au fond des pubs démontrent qu'après quelques pintes, n'importe qui est capable de tenir une conversation en chinois ou en russe, surtout lorsqu'elle est guidée par l'instinct de reproduction indispensable à la survie de l'espèce. Même si les contre-expertises menées le lendemain laissent penser qu'il s'agirait finalement d'une simple impression, il se pourrait que, comme l'alcool, la haute altitude fasse parfois tomber la barrière de la langue.

Mais Carsolio n'en démord pas, pour lui, le surnaturel a sa place en haute altitude pour peu qu'on aille au bout de soi-même et qu'on oublie un peu la science : « *Lorsque nous avons écouté les enregistrements de notre descente, j'ai été déçu de ne pas être capable de comprendre la façon dont nous avions communiqué entre nous par un autre canal. Je n'avais que 22 ans et j'ai décidé que la prochaine fois, je laisserais couler, en mettant la science de côté et en laissant la montagne me guider. Après dix ans d'expérience, j'étais enfin prêt à ressentir complètement et même à utiliser la réalité étendue comme je l'ai fait plus tard au Broad Peak.* » (E-mail)

Carsolio n'est pas un illuminé. Il ne renie pas la science au profit de l'ésotérisme mais revendique une approche différente : « *Je suis pragmatique. Je ne crois en aucune religion mais je suis ouvert au mystère. Tenter de comprendre le fonctionnement du cerveau à l'échelle quantique me semble impossible. On ne peut comprendre une expérience mystique qu'en l'ayant vécue. On ne peut pas se contenter d'étudier les réactions du cerveau face à une expérience de réalité étendue. La science ne peut pas expliquer ce que j'ai vécu sur les montagnes.* »

Depuis tout petit, le Mexicain est fasciné par les récits d'aventures sur la corde raide. Il a lu et relu l'aventure d'Ernest Shackleton en Géorgie du Sud mais reste convaincu que tous ces récits sont rationnalisés par le mode de pensée occidental : « *Depuis que j'ai lu et admiré les pratiques chamaniques, j'ai compris comment atteindre des états de conscience élevés. Je mets ça en pratique en montagne. Mais attention, il faut être parfaitement entraîné pour ne pas mourir. Je ne recommande pas aux jeunes grimpeurs d'essayer. J'ai été très chanceux de survivre* », prévient-il.

Chanceux, il l'a effectivement été au Makalu où il a passé un moment assez spécial à l'automne 1988. Après avoir atteint le sommet en solitaire dans des conditions très rudes, il est victime d'un œdème pulmonaire qui lui fait perdre complètement les pédales à la descente et il se met à tourner en rond dans la neige. Pour Erhard Loretan, présent sur la montagne au même moment avec son compère Jean Troillet, le Mexicain avait passé trop de temps à très haute altitude avant d'attaquer le sommet. Erreur classique de l'himalayiste inexpérimenté.

Carsolio doit finalement son salut à Francesc Zamora et Francesc Zapater, deux grimpeurs catalans qui passent par-là avec leurs deux sherpas et qui lui donnent un peu de leur oxygène avant de l'aider à redescendre. La goulée lui coûtera la mention « sans oxygène » dans la petite liste de ceux qui ont gravi les quatorze 8 000 mais sans elle, le Mexicain se serait arrêté au Makalu... À partir du camp 1, Carsolio est pris en charge par la cordée Troillet-Loretan qui le descend jusqu'au camp de base. Jean Troillet se souvient : « *Il n'arrêtait pas de parler dans son masque à oxygène. Il était démonté ! C'était impressionnant.* »

Mais l'histoire ne s'arrête pas là. Vers 1 heure du matin, Elsa, la femme du Mexicain, accourt dans la tente des Suisses : « *Carlos esta loco ! Carlos esta loco !* » Troillet le découvre hors de sa tente, à moitié nu, par – 20 °C : « *Il avait les yeux grands ouverts et il disait : "non !" Il était pieds nus et il commençait à marcher dans la neige. Il voulait se foutre au talus ! Je l'ai pris par la taille, je l'ai secoué, je l'ai foutu par terre et puis j'ai appelé Erhard pour qu'il m'aide. On a dû se mettre à plusieurs pour le maîtriser.* » Une piqûre de Valium et quelques heures de sommeil plus tard, « *El loco* » est redevenu Carlos Carsolio : « *Le lendemain, il m'a expliqué qu'il était devenu aveugle, il voyait tout noir... sa femme n'existait pas, l'Everest, le Lhotse, le Makalu n'existaient pas. C'était tout noir, ça valait pas la peine de vivre. Il voulait se jeter dans le vide. Il s'est aussi excusé. Il était gêné... il m'avait quand même arraché ma boucle d'oreille !* » (E-mail)

En Himalaya, les grimpeurs sont souvent aveuglés par leurs ambitions mais ils le sont parfois aussi par une simple hémorragie rétinienne, conséquence du mal aigu des montagnes. Comme le cerveau, la rétine a besoin de sang pour fonctionner normalement et lorsque les vaisseaux n'irriguent plus suffisamment, la vision se trouble. Au Makalu, Carsolio a eu droit à la totale en matière de pathologies d'altitude mais ce n'est pas exactement ce genre de moments qu'il recherchait au-dessus de 8 000 mètres. Non, ce qui l'intéresse, c'est la connexion avec le cosmos.

Avant de s'engager dans des grandes ascensions himalayennes, il pratique l'escalade rocheuse sur les fameux *big walls* du Yosemite, sous le soleil de Californie. « *J'ai beaucoup aimé l'escalade sportive dans ces grandes parois où explorer de nouveaux itinéraires m'a procuré beaucoup d'émotions.* » Mais c'est bien en Himalaya que la révélation a lieu malgré les débuts difficiles au Nanga Parbat puis au Makalu : « *Le sentiment exaltant de se connecter au cosmos par le biais d'efforts extrêmes qui nécessitent une concentration et une créativité optimales est une récompense bien plus gratifiante, surtout lorsque l'on grimpe en solo.* »

L'Everest sans oxygène en 1989, le Kangchenjunga en solitaire en 1992, le K2 l'année suivante... Carsolio devient une star au Mexique et les sponsors qui se bousculent le pressent d'en finir avec les quatorze 8 000. Avec l'expérience, il comprend que la rapidité est la clé pour gravir les 8 000 en style alpin, sans oxygène. En 1994, il arrache tout. Au printemps, il avale le Cho Oyu en dix-neuf heures puis enchaîne avec le Lhotse gravi quelques jours plus tard en moins de vingt-quatre heures. Mais ces chiffres et ces records, il les a accumulés sur des voies normales, au milieu des autres alpinistes. Si ces réussites lui apportent une certaine satisfaction, il sent qu'il s'éloigne de ce qui l'avait conduit sur ces hautes montagnes : « *J'avais désormais huit 8 000 à mon palmarès mais je perdais l'essence de ce qui me faisait gravir les montagnes. C'est le fait d'être en territoire vierge qui m'avait inspiré par le passé, en particulier en Himalaya. Je devais l'expérimenter à nouveau.* »

Avec les deux 8 000 gravis au printemps, les sponsors lâchent du lest et Carsolio peut se permettre une fantaisie au Broad Peak qui s'avance désormais vers lui. L'idée est de mettre de côté le chronomètre pour ouvrir une nouvelle voie en solitaire et surtout essayer de se reconnecter à cette fameuse « réalité étendue ». Après une première montée d'acclimatation à 7 000 mètres sur la voie normale, il retourne au camp de base et se met à observer la montagne à la jumelle pour étudier les différentes possibilités qui s'offrent à lui. « *Je suis parti avec une idée générale et un topo approximatif. J'avais l'intention de rompre le fil qui séparait mon rêve de la réalité* », explique-t-il dans le compte rendu publié dans l'*American Alpine Journal*. Carsolio va trouver dans l'improvisation l'ingrédient qui faisait défaut lors de ses expériences précédentes.

Le 29 juin, il s'engage seul, avec sa petite tente, quelque part dans la face ouest du Broad Peak, à droite de la voie originelle des Autrichiens en 1957. « *Même si la solitude est plus grande sur l'île de Baffin ou dans le désert du Mexique et même s'il y avait soixante-dix personnes au camp de base, je me sentais plus éloigné du monde. J'enviais les pionniers qui avaient eu la chance d'évoluer seuls sur ces montagnes... Je ne pouvais attendre aucune opération de sauvetage et ne devais commettre aucune erreur. La solitude était totale. Je me concentrais, sachant que j'étais seul maître de mon destin.* » Pendant deux jours, il serpente entre les barres rocheuses et les séracs dans un terrain mixte, mélange de glace et de roche, qui l'oblige souvent à s'autoassurer. Le deuxième jour, les nuages menaçants qui se forment autour du K2 voisin le contraignent à faire demi-tour et à retourner au camp de base se mettre à l'abri.

Sa première tentative avortée lui a permis d'observer la partie finale de son ascension. Il sait à quoi s'attendre lorsqu'il repart vers le haut dans la nuit du 7 au 8 juillet. À 10 heures du matin, il est déjà à presque 7 000 mètres, à l'endroit où son itinéraire rejoint la voie normale au niveau du camp 3. Il y retrouve des grimpeurs basques qui eux aussi font une pause avant d'attaquer le sommet. Il monte sa tente, allume son réchaud puis sort pour étudier la face et la suite des opérations. De retour dans sa tente, il entreprend de rallumer le réchaud qu'il pensait éteint. La rencontre entre la flamme du briquet et le gaz lui rase la moustache et une partie de la peau du visage. Contretemps fâcheux qui lui fera perdre plusieurs heures consacrées à se badigeonner de crème solaire. La douleur est tenace mais il repart dans la nuit. Les Basques ont pris vers la gauche et l'itinéraire classique, Carsolio prend sur la droite, un tracé plus direct vers le sommet.

L'aube, grandiose, lui offre « *un horizon rempli d'un nombre infini de silhouettes pointues* » parmi lesquelles il reconnaît le Masherbrum et l'imposante stature du K2. Sous un soleil magnifique, l'alpiniste solitaire progresse toujours en s'autoassurant dans les passages les plus périlleux grâce aux quelques pitons et broches à glace qu'il a emportés. Le terrain est de plus en plus délicat et à partir de 7 500 mètres, la tension devient maximale. Solitude, manque d'oxygène et concentration extrême ; la connexion avec le cosmos est en passe d'être établie : « *Dans l'une de ces sensations particulières que l'on a à haute altitude, j'ai vu des rochers qui semblaient être les gardiens de la région du sommet. Je leur ai demandé la permission de passer et j'ai eu le sentiment qu'ils acceptaient.* »

Dans le haut de la face, une section de rocher pourri le contraint à faire un rappel d'une soixantaine de mètres et l'oblige à abandonner une bonne longueur de corde. Il ne pourra plus redescendre et sait que la seule issue passe désormais par le haut : « *Étrangement, cela m'a calmé et tout sentiment d'incertitude a disparu.* » C'est là que la connexion s'établit définitivement. Dans le plus grand des calmes, l'alpiniste quitte soudain son corps et se met à flotter dans l'air au-dessus de lui-même. Il devient spectateur de sa propre ascension : « *Je suis devenu une sorte de conseiller du grimpeur. Et je me suis assuré de nouveau.* » Un peu plus haut, alors qu'il est occupé à manger de la neige pour étancher sa soif, il est soudain ébloui par une lumière très vive, située à environ 70 mètres de lui. Lumière au bout du tunnel, simple effet d'optique ou hallucination ? « *J'avais déjà été aussi haut auparavant mais je n'avais jamais rien vu de tel.* »

Avant de l'autoriser à déboucher sur l'arête sommitale, les gardiens du Broad Peak lui imposent une dernière épreuve qui lui cause bien du tracas. C'est un passage qui lui rappelle un peu la fissure Brown à l'aiguille de Blaitière dans le massif du Mont-Blanc. Mais à 8 000 mètres, l'obstacle est insurmontable. À chaque tentative, la sanction est la même : il glisse vers le bas, suspendu dans son baudrier, ses bras inertes pendant le long de son corps fatigué. « *J'ai essayé toutes les astuces auxquelles je pouvais penser mais je n'y arrivais pas... alors mon alter ego m'a suggéré d'essayer une rampe sur la droite qui comportait de nombreuses prises.* » Les prises en question cassent sans arrêt mais le Mexicain n'a plus le choix, il doit prendre le risque de tomber. Il plante son piolet le plus haut possible, se repose quelques instants, et se hisse comme un damné. Ça passe. Grâce aux précieux conseils de son double flottant, le voici arrivé aux portes du sommet.

Il avance désormais en terrain facile vers la lueur divine et se rend compte en arrivant à l'antécime, qu'il s'agit en fait d'un pieu en métal enfoncé dans la neige et qui reflète la lumière du soleil couchant. En transe, il laisse son sac à côté du pieu et continue vers le sommet principal : « *Les tons orange du coucher de soleil étaient fantastiques. J'ai ressenti une émotion plus profonde que jamais. Un intense sentiment de paix m'a envahi. J'étais en harmonie avec tout le cosmos intérieur et extérieur. Pas de larmes, pas de cris joyeux, juste un océan de tranquillité.* »

Comme dirait Jean Afanassieff, un peu plus prosaïque au sommet de l'Everest en 1978 : « Le pied quoi ! » Son pied, en montagne, chacun le prend comme il l'entend. Dépassement de soi, *shoot* d'adrénaline, introspection, fraternité de la cordée, exploration, cueillette, aventure, besoin de reconnaissance... Il y a autant d'alpinistes que de raisons d'aller en montagne.

Ouvrir une nouvelle voie en solitaire sur un 8 000 n'est pas donné à tout le monde et, au Broad Peak, Carlos Carsolio a écrit une sacrée ligne dans l'histoire de l'himalayisme. Mais il a aussi inventé une nouvelle raison d'aller en montagne : la recherche de la réalité étendue.

Le Mexicain est catégorique, son expérience au Broad Peak est la plus aboutie en la matière. Question hallucinations, son récit ne casse pourtant pas des briques. Une vague impression de converser avec des cailloux, une petite décorporation et un reflet magique finalement simple effet d'optique... Pour le lecteur qui attendait le Big Bang, c'est frustrant. Où sont les danseuses de ballet et les grimpeurs habillés en carnaval ? Mais le voyage dans le cosmos passe parfois par des étapes que le lecteur terre à terre aura bien du mal à saisir depuis le fond de son canapé. « *Mon expérience au Broad Peak était bien plus profonde que dans cet article dans lequel je ne donne qu'un aperçu* », concède Carsolio qui n'en dira pas plus. L'extase du grimpeur solitaire est aussi une affaire personnelle.

6

Les bruits de la machine humaine en train de tomber en panne

De nombreux grimpeurs revendiquent une approche mystique de leur activité. En Himalaya, Carlos Carsolio a été formé à l'école polonaise, aux côtés de Jerzy Kukuczka et Voytek Kurtyka avec qui il eut l'occasion de grimper au Manaslu en 1986, à une époque où leur fameuse « cordée magique » battait de l'aile. « Jurek », l'ours indestructible, ne jurait plus que par la course aux quatorze 8 000 tandis que Voytek le poète courait toujours après la beauté des cimes. C'est Kukuczka qui deviendra son mentor mais si Carsolio a choisi le Broad Peak pour se connecter au cosmos dix ans plus tard, il faut probablement plutôt y voir l'influence de Kurtyka.

À l'été 1984, les deux Polonais se sont offert une belle pièce d'himalayisme en réussissant la traversée des trois sommets du Broad Peak en style alpin. Sept jours en totale autonomie sur la montagne, dont cinq au-dessus de 7 000 mètres, sur les dix kilomètres de l'arête. Pour Kukuczka, ce n'était qu'une ascension de plus mais Kurtyka trouva autre chose sur la montagne où il avait réussi, selon sa biographe Bernadette McDonald, à « *accéder à un état de conscience différent, où le monde prenait de nouvelles couleurs* ».

C'était le 15 juillet, en redescendant du sommet Nord, première étape de leur périple. Pendant que « Jurek » prépare la soupe dans la tente, Voytek tombe en extase devant la beauté du paysage. Probablement embrumé par les effets de l'altitude, il se sent soudain en osmose avec l'environnement qui l'entoure au point de ne plus parvenir à entrer dans la tente : « *Je m'en souviens comme d'un délire*, dit-il, *je marchais autour de la tente, incapable d'y rentrer : ce fut une expérience fantastique, d'une qualité rare. C'était profond, spirituel. Bien sûr les montagnes sont toujours belles, mais cette fois c'était différent.* »

Difficile de ne pas y voir une similitude avec les sensations décrites par Carsolio. Difficile aussi de distinguer une simple extase d'un comportement anormal du cortex temporo-pariétal. Faut-il classer « l'état de conscience différent » dans le même dossier que les autres types d'hallucinations ? Lors de son épisode de transe au Broad Peak, Kurtyka n'était pas au bout du rouleau puisque leur périple en altitude débutait à peine. Peut-être s'agissait-il simplement d'une ouverture de canal ? La suite de l'histoire semble donner du crédit à la théorie de Carsolio.

La suite pour Kurtyka, c'est une improbable épopée dans le fameux *Shining Wall*, la face ouest du Gasherbrum IV. Dix jours d'ascension que l'on pourrait découper ainsi : cinq jours sur la montagne et cinq jours au pays des alpinistes qui vont trop loin, dans ce monde étrange situé quelque part sur la frontière entre la vie et la mort. Un monde dont on revient différent ou dont on ne revient pas.

En 1985, Kukuczka est définitivement engagé dans la course aux quatorze 8 000 et Kurtyka, profondément déçu, se cherche un nouveau compagnon de cordée. Il se tourne alors vers Robert Schauer, jeune mais expérimenté grimpeur autrichien rencontré au camp de base du Broad Peak l'année précédente. Lui aussi est aimanté par le Gasherbrum IV et ses 7 932 mètres gravis pour la première fois par les Italiens Walter Bonatti et Carlo Mauri en 1958.

Le 13 juillet, les deux hommes se lancent dans la paroi avec chacun un gros sac à dos. En style alpin, sans aucune concession. Pendant cinq jours, ils grimpent sans regarder en bas et enchaînent les bivouacs plus inconfortables les uns que les autres. La prise de risque est à la mesure des difficultés rencontrées. Les jours passent et la progression est de plus en plus lente, les vivres s'épuisent. Le 18 juillet, ils atteignent 7 800 mètres. L'arête sommitale n'est plus très loin mais la neige se met à tomber sans s'arrêter. Ils n'ont d'autre choix que de s'installer dans leurs sacs de bivouac et attendre l'accalmie sans savoir qu'ils vont rester coincés là pendant une journée entière et deux très longues nuits.

Engoncés dans leurs sacs de couchage, ils attendent en regardant tomber la neige. L'écran gris et monotone qui défile indéfiniment devant leurs yeux est leur seule distraction. Absence de stimulation sensorielle, déshydratation, fatigue, altitude, stress... nous y sommes. La porte s'ouvre et le troisième homme vient s'installer sur la vire avec eux. Tous deux ressentent sa présence mais pour Schauer, elle est source de tension supplémentaire. Il lui semble que leur nouveau compagnon cherche à les pousser dans le vide... L'expérience est désagréable, angoissante. Kurtyka, lui, se prépare à passer de l'autre côté. Il est serein.

Dans la nuit du 19 au 20 juillet, le déluge blanc cesse enfin et sous leurs monticules de neige, deux ours qui semblent avoir hiberné pendant plusieurs mois tentent de reconnecter leurs cerveaux aux articulations engourdies. Ils sont rouillés mais bien vivants. Cela fait maintenant huit jours qu'ils ont quitté le camp de base. Les extrémités sont gelées, les estomacs vides, les gosiers secs et les cerveaux ramollis. Mais il faut se remettre en route et atteindre l'arête sommitale pour quitter la souricière. Ils y parviennent dans l'après-midi et utilisent ce qui leur reste de lucidité pour renoncer au sommet. Il faut redescendre.

« La montagne semblait être gouvernée par un esprit hostile qui s'opposait au germe de tout effort et même de toute intention. Curieusement, elle a cessé de harceler nos esprits chancelants lorsque nous avons abandonné l'idée d'aller au sommet », raconte Kurtyka dans l'article publié dans l'*American Alpine Journal*.

Au sommet, Robert Schauer aurait pourtant pu y aller facilement puisque après quelques mètres de descente, il se transforme en corbeau et se met à planer dans l'air. Mais plus que par le sommet, le corbeau est obnubilé par son double qu'il observe fuir vers le bas à la vitesse d'une larve. Pendant que son collègue plane, Kurtyka observe des visages de gens connus et inconnus dans les nuages et sur les rochers qui l'entourent : « *Ils semblaient façonnés par des esprits cachés et mystérieux.* » Il voit « *un vieil homme grec* » puis des enfants qui jouent au foot en criant. On lui parle aussi. Il ne comprend rien au brouhaha mais il ne lutte pas, l'expérience lui plaît. Puis le troisième homme revient s'encorder avec eux. Les deux sentent sa présence au même moment et cette fois-ci, Schauer trouve sa compagnie rassurante. Il ne cherche plus à les tuer mais à les aider. La sensation est si intense que, par moments, ils se surprennent tous les deux à attendre une participation active de leur compagnon imaginaire dans la cordée.

Comme Ernest Shackleton et ses hommes lors de leur fameuse traversée de la Géorgie du Sud en 1916, Kurtyka et Schauer ont donc, de façon étonnante, ressenti la présence du troisième homme au même moment. Compte tenu des états de fatigue respectifs, on est en droit de se demander si ces hallucinations simultanées ne sont pas qu'une impression née de discussions *a posteriori* basées sur les souvenirs confus des uns des autres. Kurtyka se souvient pourtant très bien de cet échange surréaliste avec son compagnon de cordée :

– Robert, je voudrais te dire quelque chose de très étrange...

– Je sais ce que tu veux dire. Il est encore là.

– Oui.

Coïncidence ? La similitude avec le cas Shackleton jette le trouble. Unis par le lien de la corde, deux alpinistes au bout du rouleau seraient-ils capables de n'utiliser qu'un cerveau pour deux ? Comme le prouve sa faculté à fabriquer des globules pour s'acclimater à la très haute altitude, le corps humain est capable d'étonnantes pirouettes quand il s'agit de s'adapter à une situation difficile, mais il semblerait que les scientifiques soient pour le moment face à un cas épineux... En attendant, les adeptes des sciences occultes marquent des points.

Aussi amicale soit-elle, la présence du troisième homme ne raccourcit pas les distances. La descente est encore longue et un nouveau bivouac, inévitable. Schauer a faim et son cortex l'envoie au supermarché choisir de belles saucisses pour le prochain repas, puis il l'emmène déjeuner dans un restaurant de sa ville de Graz où il se délecte d'un bon rôti de porc. Le lendemain, ils finissent par retrouver leur dépôt qui contient une cartouche de gaz. Le thé qui s'écoule dans les gosiers raffermit le moral mais c'est maintenant le sommeil qui les prend. Garder sa concentration pour ne pas faire d'erreur est une lutte de tous les instants.

Le 23 juillet, au cœur de la nuit, ils atteignent enfin le bas de la paroi mais il leur reste encore quelques heures de marche pour rejoindre le camp de base. Les hallucinations remplissent à nouveau les oreilles surmenées de Kurtyka, obsédé par ces sons venus d'ailleurs. Il entend des oiseaux qui gazouillent, de la musique et toujours ces gens qui chuchotent. Au bout d'un moment, il reconnaît un mélange entre la musique de Santana et la douce voix de Barbra Streisand qui entonne *Woman in Love*. Mais dès qu'il s'arrête pour l'écouter, la musique s'éteint dans sa tête. Il finit par comprendre que c'est le frottement de sa corde qui fait office de bouton *play*.

Dans la matinée, les deux alpinistes guenilleux s'effondrent au camp de base. La musique est éteinte, le compagnon fantôme a disparu et les gazouillis d'oiseaux qui parviennent à leurs oreilles sont cette fois bien réels.

Pour qualifier les événements survenus dans son cerveau pendant ces quelques jours légendaires dans le *Shining Wall*, Kurtyka aura plus tard cette expression magistrale : « *Les bruits de la machine humaine en train de tomber en panne.* » Comme Carsolio, le Polonais est persuadé que les ascensions en Himalaya permettent d'accéder à certaines parties du cerveau habituellement hermétiques. L'un évoque un autre état de conscience, l'autre la réalité étendue. Il faut se rendre à l'évidence, ces deux-là grimpaient sur des arcs-en-ciel.

7

Voyage dans le cosmos intersidéral

« *J'étais la personne la plus seule au monde, juste une machine qui avançait vers le haut. Était-ce réel ? Je ne savais plus. Je n'étais plus connecté au monde.* » Si Roger Marshall n'était pas tombé à l'Everest en 1987, il aurait certainement été heureux d'échanger avec Carlos Carsolio et Voytek Kurtyka sur son expérience vécue au Kangchenjunga en 1984. Son récit ne laisse pas de place au doute, lui aussi a fait un petit voyage dans le cosmos le temps d'une ascension solitaire au-dessus de 8 000 mètres.

Roger Marshall n'est pas le plus célèbre des himalayistes. La faute probablement à une pratique très engagée de la montagne qui ne lui a pas laissé le temps d'écrire beaucoup de lignes dans l'histoire. La sienne d'histoire débute lors d'une hivernale sur l'Annapurna IV au sein d'une expédition canadienne en 1981. Il atteint le sommet avec Al et Adrian Burgess, les jumeaux anglais, mais quelques échanges véhéments avec la hiérarchie de l'expédition lui laissent un souvenir amer et un nouveau surnom, « le *bad boy* de la grimpe canadienne ». La lourde expédition à l'Everest l'année suivante sera sa dernière de ce type. Il grimpera désormais en solitaire et en style alpin, une pratique plus en accord avec sa conception de l'alpinisme.

De sa première tentative solitaire au Lhotse Shar, il ne rentre pas complètement bredouille puisque c'est à lui que l'on doit la découverte du corps de Nicolas Jaeger, célèbre alpiniste français disparu quelque part vers 8 200 mètres lors d'une ascension solitaire en 1980. Mais c'est en 1984 qu'il réussit un gros coup au Kangchenjunga en répétant le solo réussi l'année précédente par Pierre Beghin qui avait lui aussi vécu une drôle d'expérience lors de ses trois jours passés dans une complète solitude sur la montagne. Beghin a atteint le sommet le 17 octobre 1983, un an et un jour avant Roger Marshall.

À l'inverse de Beghin, simplement accompagné par sa femme Annie et un médecin, tous deux restés au camp de base, Marshall n'est pas complètement seul sur le Kangchenjunga. Jusqu'au camp 2, à 7 000 mètres, il partage la voie avec une expédition française qui vise le sommet d'à côté, le Yalung Kang. Il y a là notamment le guide Bernard Muller et sa femme, l'exploratrice Laurence de la Ferrière. Jean Coudray et Anselme Baud sont là aussi. Il ne les croisera pas beaucoup sur la montagne mais sans eux, il n'aurait probablement jamais pu raconter son aventure...

Le 12 octobre, le grimpeur anglo-canadien lance une première tentative mais le mauvais temps le stoppe à 8 200 mètres. Il redescend avec de vilaines gelures aux orteils et aux mains. Il repart pourtant vers le haut dans la nuit du 15. Deux jours plus tard, il atteint le camp 3, à 7 700 mètres, où les conditions météo sont encore très rudes. La nuit est difficile... peu après minuit, son réchaud explose et les émanations de gaz manquent de l'intoxiquer. Son cerveau complètement abruti par l'altitude met un temps infini à comprendre qu'il faut ouvrir la fermeture Éclair pour aérer la tente. Le vent et la neige s'engouffrent immédiatement dans son antre. Il se glisse dans son sac de couchage et tente de faire le point : « *J'essaie de réfléchir de manière rationnelle à la situation. Mais avec le manque d'oxygène, mon esprit a du mal à faire face.* » Sans réchaud, impossible de faire fondre la neige pour obtenir de l'eau... Il sait qu'il a besoin de quatre litres d'eau pour aller au sommet et revenir. À cette altitude, s'hydrater est primordial, vital même. On ne compte plus les himalayistes qui, embrumés par l'hypoxie, prennent les mauvaises décisions au moment capital. À 8 000 mètres, le cerveau ramolli tue presque autant que l'avalanche. Mais sa décision est prise, le demi-litre d'eau retrouvé au fond de sa gourde suffira... Il se recouche dans son duvet en attendant l'aube.

Son demi-sommeil est perturbé par l'altitude et surtout par la solitude, qui se met elle aussi à lui jouer des tours. Le voilà qui entame une conversation musclée avec son équipement. Le cadavre du réchaud en prend pour son grade. Les bottes gelées aussi. Tout va mal, les gelures, le froid, l'inconfort et ce satané vent... Et ces questions tournent en rond dans sa tête... Ne serait-il pas plus raisonnable de redescendre ? Vers 2 heures du matin, il se décide finalement à y aller. Il met un temps infini à se préparer et se force à avaler deux barres énergétiques, un supplice pour ses lèvres gercées. Les pointes de ses crampons déchirent le sol de la tente mais tout cela n'a plus d'importance, seul le sommet compte désormais : « *Peu importe le risque, je dois essayer encore une fois. Tirant mon sac derrière moi, je rampe dans le vent et l'obscurité, puis je me mets route.* » Il est 4 h 30 du matin, à l'horizon, l'aube orangée annonce une belle journée au-dessus du Kangchenjunga. Le moral remonte. L'altitude aussi.

Avec le jour qui se lève, sa compagne l'aperçoit avec sa lunette depuis le camp de base où elle est restée à l'attendre. Elle l'observe faire lentement la trace dans la neige qui lui arrive aux genoux. Il vient de franchir la barre mythique des 8 000 mètres. Il fait une pause tous les cinq mètres mais aperçoit déjà le ressaut rocheux, passage clé de la voie, qu'il devra gravir pour accéder aux pentes neigeuses qui conduisent au sommet. « *La lenteur de la progression provoque une distorsion fictive de l'espace* », disait Pierre Beghin (*Les Cinq Trésors de la Grande Neige*). Il lui faudra sept heures pour atteindre le pied du ressaut...

Pendant qu'il marche lentement vers son but, son esprit se met à dériver. Il tente de dissocier son esprit de son corps pour se détacher de la fatigue mais le résultat n'est pas très concluant : « *Ça ne fonctionnait que partiellement, je pouvais toujours sentir la gravité me tirer vers le bas...* » Lorsqu'il arrive au pied du ressaut, il se remémore les mots de Pierre Beghin qu'il a croisé à Katmandou : « *Fais attention en descendant les rochers, c'est très facile de se perdre et de se tuer ici.* » Tandis qu'il se hisse en tirant sur la corde abandonnée par une précédente expédition japonaise, son esprit, qui continue de divaguer, lui envoie les vers du célèbre poème de William Wordsworth : *I Wandered Lonely as a Cloud*. Il pense aussi aux Français qui se reposent au camp de base pendant que leurs amis installent les cordes fixes sur la montagne. Il les envie quelques secondes puis c'est le trou noir...

De façon incompréhensible, il se retrouve soudain assis sur une corniche de neige, les pieds balançant dans le vide. Comment s'est-il retrouvé là ? Il n'en a aucune idée... le temps de se poser la question, le voilà qui se retrouve « *sur une large bande de lumière jaune qui courait autour du Kangchenjunga comme un anneau autour de Saturne* ». Sur son anneau au milieu des étoiles, le grimpeur retrouve un groupe de religieux japonais avec qui il entame une conversation cosmique. Il ne comprend pas ce qu'ils essayent de lui dire et ne voit pas non plus leurs visages. Il aperçoit simplement des chaussures noires qui dépassent de leurs pantalons. Impossible de dire combien de temps la scène a duré. La notion du temps qui passe a disparu depuis une éternité... mais la lumière qui diminue lui indique que la nuit va bientôt tomber sur le Kangch.

De retour sur terre, Marshall se rend compte qu'il est en haut du ressaut. Un peu plus haut sur sa droite, il peut apercevoir le sommet au bout d'une petite pente de neige. Son cerveau momentanément reconnecté au monde réel lui rappelle l'avertissement de Pierre Beghin et lui conseille de laisser son sac à dos ici. Il n'en a pas besoin pour aller au sommet et ça fera un bon repère pour retrouver son chemin dans l'obscurité. À 19 h 30, après 15 heures d'ascension en solitaire, un animal nommé Roger Marshall se tient au sommet du Kangchenjunga. Combien de temps y est-il resté ? Dieu seul le sait... Marshall, lui, ne sait plus rien. Son instinct de survie, qui a mis le reste en roue libre, lui interdit de s'asseoir sous peine de ne jamais se relever. C'est le vent qui, en pénétrant à l'intérieur de sa combinaison, le force à redescendre. Les premiers pas vers le bas sont ceux d'un astronaute qui retourne vers son vaisseau après une sortie dans l'espace : « *Je me sentais détaché et étrange, mais pas fatigué. Je me suis simplement dit de ne pas trébucher.* »

Quelques minutes plus tard, il retrouve son sac à dos dans la nuit désormais presque noire puis commence la descente du ressaut en s'aidant des cordes japonaises, comme lors de la montée. Son cortex n'étant plus à même de recueillir correctement les informations, on ne saura jamais vraiment comment il a fait son compte mais tout porte à croire qu'à cet instant précis, Marshall s'en est pris une belle.

Son récit le retrouve suspendu à la corde par le coude, façon trapéziste. Il s'est offert une jolie dégringolade d'une dizaine de mètres. Pas de douleur, tous les os semblent à leur place. À son retour à Vancouver, il devra se faire opérer pour se faire enlever un bout de cartilage dans le genou mais il ne se rend même pas compte qu'il repart en boitant : « *Je veux vivre et plus rien ne m'arrêtera.* » Après plusieurs heures d'une marche chaotique, il finit par distinguer une forme au loin. Il lui semble avoir passé une heure entière à se demander si c'était bien sa tente : « *Si ce n'était pas la tente, c'est que j'étais perdu sur cette immense face...* » C'est bien elle. Il se glisse dedans en rampant, s'engouffre dans son duvet et s'abandonne complètement : « *La scène suivante est un coma.* »

À son réveil, il découvre une scène de crime. La tente est lacérée à plusieurs endroits, comme si un animal féroce était passé par-là dans la nuit. Mais l'enquête abandonne vite la piste du yéti pour se recentrer sur les crampons toujours attachés aux pieds de l'alpiniste dont le sommeil a probablement été un peu agité. Puisqu'il a dormi tout équipé, le départ est rapide. Il n'a rien bu depuis qu'il a avalé sa dernière goutte la veille, vers 14 heures. La déshydratation s'ajoute à la fatigue, l'altitude et la solitude. Il entend à nouveau des voix qui chuchotent : « *Encore des hallucinations.* » Malgré les quelques heures de repos dans la tente, la descente est un calvaire... Il s'effondre tous les dix mètres, sans comprendre que son genou ne peut plus le soutenir. Et puis soudain, c'est le miracle ! Au loin, deux points semblent s'avancer vers lui. C'est Bernard Muller et Jean Coudray qui viennent de se mettre en route vers leur camp 3. Il va croiser leur route. Ils auront de l'eau, c'est sûr !

Il aurait été intéressant que les deux Français racontent leur rencontre avec ce qui devait plus ressembler à un animal blessé qu'à un alpiniste mais il faudra se contenter de l'imaginer. Nano Coudray s'est tué en 2011 dans les dalles du Brévent. Bernard Muller, lui, est toujours guide en Himalaya mais l'épisode, trop ancien, est complètement sorti de sa mémoire... Il se fait pardonner en racontant une bonne histoire d'hallucinations : « *C'était en 1983, au Glacier Dome, un 7 000 sur l'arête est de l'Annapurna. J'étais avec mon ex-femme, Laurence de la Ferrière et un autre copain. On descendait en rampant depuis des heures, complètement déshydratés, dans des paquets de neige très profonde. Et à un moment donné, on s'est mis à avoir des hallucinations. Laurence entendait des voix et moi, je voyais des gamins qui nous jetaient des cailloux !* »

Pour avoir une idée du calvaire enduré par Roger Marshall, il suffit de regarder le chrono. Il lui a fallu six heures pour descendre du camp 3 au camp 2 alors que le même trajet lui avait pris seulement 45 minutes une semaine auparavant. Mais plutôt que de lui jeter la pierre et des cailloux, Muller et Coudray lui servent quelques tasses de thé et une platée de nouilles qui remettent de l'ordre dans la machine et réactivent le système nerveux : « *Une douleur atroce me traverse soudain la jambe. Pour la première fois, je réalise que je suis blessé. D'une certaine manière, mon esprit avait évité la douleur jusqu'à ce que je sois en relative sécurité.* » Nano Coudray lui donne quelques antidouleurs puis l'aide à poursuivre sa descente. La douleur dans le genou a remplacé la déshydratation mais cette fois-ci, la lumière au bout du tunnel n'est pas une hallucination, c'est le camp de base.

Le compte rendu de l'ascension que l'on trouve dans la précieuse *Himalayan Database* se termine par ce commentaire laconique : « *C'était une longue ascension. Je ne crois pas que je referai un jour une chose pareille.* » Roger Marshall est pourtant retourné plusieurs fois en Himalaya. En 1987, lors d'une nouvelle ascension solitaire, il a basculé dans le vide intersidéral depuis les pentes sommitales de l'Everest sans que l'on sache exactement pourquoi. Peut-être avait-il simplement vu une étoile qui brillait à l'horizon...

8

Faut-il brûler Adam Bielecki ?

Dans la liste des hypothèses émises par les scientifiques qui ont tenté d'expliquer comment Jeanne d'Arc avait pu entendre des voix, on trouve pêle-mêle : délire théomaniaque, dépression mythomaniaque, hystérie, névrose œdipienne, pathologie d'origine endocrinienne, épilepsie, schizophrénie paranoïde, trouble bipolaire, anorexie mentale ou encore la bonne vieille crise d'adolescence. Quelques-uns avancent même la théorie d'une tuberculose bovine ayant entraîné une atteinte intestinale elle-même responsable des lésions de calcification qui auraient empêché la combustion des organes de la Pucelle d'Orléans lors de son passage sur le bûcher.

L'étude de l'histoire de la montagne suggère une hypothèse guère plus farfelue. Jeanne d'Arc avait 13 ans lorsqu'elle entendit des voix pour la première fois dans le jardin de son père sur la commune de Domremy (270 mètres, Vosges). 13 ans c'est un peu jeune pour se lancer dans l'ultra-trail mais quel historien nous prouvera qu'elle ne revenait pas légèrement déshydratée d'une bonne bambée au Grand Ballon (1 423 mètres), à 150 kilomètres de là ?

Les voix que Roger Marshall a captées au bout de son rouleau sont, avec le troisième homme, l'un des grands classiques de l'hallucination en montagne. Le gros des témoignages évoque une sorte de brouhaha incompréhensible, des inconnus qui chuchotent mais aussi des voix familières, parfois d'amis disparus. Au Nanga Parbat, en 1950, Hermann Buhl avait entendu des voix chuchoter et l'appeler par son prénom : « *On appelle mon nom : "Hermann ! Hermann !" J'entends même des gens qui parlent entre eux. Mais je ne vois rien. Est-ce une illusion de mes sens ? Des hallucinations ? Ou le commencement de la fin ? La fin elle-même ?* »

Dix-sept ans après, sur cette même montagne, Reinhold Messner crut entendre sa mère au milieu du reste durant son chemin de croix : « *Soudain, j'entends des voix. Une voix appelle mon nom, des voix prononcent des phrases entières. Mais je n'en comprends que des bribes. Tant de voix s'entremêlent ! Il y a aussi celle de notre mère. Elles chuchotent, elles murmurent, elles bruissent comme de l'eau qui ruisselle. Elles ne cessent de répéter mon nom : "Reinhold !"* » (*La Montagne nue*)

Témoignage qui renvoie de façon troublante aux vers de T. S. Eliot dans *La Terre vaine*, juste après l'apparition du troisième homme :

Quel est ce bruit haut dans les airs
Murmure d'une maternelle lamentation
Quelles sont ces hordes encapuchonnées qui grouillent
Sur des plaines sans fin, trébuchant sur la terre craquelée

Étonnante similitude également avec le témoignage ramené par Pierre Beghin après son solo au Kangchenjunga l'année avant Marshall : « *On parle dans mon dos ! Des mots chuchotés dont je ne peux saisir le sens ! À la fois imperceptibles et incompréhensibles. Des voix que j'ai connues autrefois, qui depuis se sont tues. Des gens de ma famille, des amis, qui ont disparu de ma vie...* » (*L'Homme de tête*)

L'Anglais Joe Simpson aussi eut droit à son brouhaha lors de sa descente apocalyptique de la Siula Grande au Pérou en 1985. Mais Simpson, qui avait eu l'audace de se casser une jambe pour pimenter son aventure, fut récompensé par une voix d'un nouveau genre, réservée à ceux qui vont vraiment très mal : la voix méchante qui donne des ordres. « *Avance, ne te repose pas !* » entendit-il à plusieurs reprises alors qu'il se sentait mourir (*La Mort suspendue*).

Messner, encore lui, se surprit à parler de la pluie et du beau temps avec une fillette sur les pentes du Nanga Parbat lors de son solo lunaire en 1978 :

– Nous sommes déjà rudement haut.

– Tu seras au sommet demain.

– À condition que le temps tienne.

– Il tiendra.

Un peu plus tard, elle lui conseillera de prendre beaucoup de neige dans la tente pour s'hydrater suffisamment. Puis Messner évoque une conversation ordinaire : « *Elle ne me raconte rien de précis, nous ne faisons que parler de sujets banals, mais nous parlons.* »

Plus original, en 1991, lors d'une tentative hivernale au Manaslu où il avait frôlé les 8 000 mètres, le Français Éric Monier s'était soudain mis à discuter avec des gens invisibles qui l'accompagnaient. Il racontera avoir perçu au milieu de ces voix, celle d'une femme de 100 000 ans !

Comme Joe Simpson, Adam Bielecki pense que la voix qu'il a entendue au Makalu lui a sauvé la vie. Elle n'était ni familière, ni agressive mais petite et catégorique : « *Tu vas geler.* » La scène se passe le 29 septembre 2011, quelque part vers 7 500 mètres sur les pentes du cinquième plus haut sommet du monde. La veille, à 14 h 30, il a atteint son premier sommet de plus de 8 000 mètres en compagnie de l'expérimenté Artur Hajzer, l'un des maîtres de l'himalayisme hivernal dont les alpinistes polonais se sont fait une spécialité depuis les années 1980. Bielecki vient d'arriver au camp 2 mais il veut remonter avec une bouteille d'oxygène pour ses coéquipiers qu'il a laissés en difficulté quelques heures plus tôt, à presque 8 000 mètres.

En redescendant du sommet, Bielecki et Hajzer avaient croisé Tomek Wolfart qui continuait de monter malgré l'heure tardive. Tous ceux qui ont essayé sont catégoriques, raisonner un alpiniste qui a le sommet d'un 8 000 en vue est peine perdue. Bielecki et Hajzer essaieront bien mais Wolfart finira par bivouaquer seul à 8 300 mètres après avoir atteint le sommet en solitaire. De retour à leur dernier camp, les deux hommes retrouvent Maciek Stanczak qui, les mains gelées, avait renoncé au sommet bien plus tôt. Son état est préoccupant. Le lendemain matin, Wolfart est encore vivant et finit par rejoindre ses camarades. Il veut se reposer dans la tente mais Bielecki le prend sous son aile et l'oblige à redescendre avec lui pendant que Hajzer et Stanczak remballent le matériel.

Dans la descente, les réserves d'eau s'épuisent et Wolfart, à bout de forces, est de plus en plus lent. Bielecki se rend compte qu'ils n'atteindront jamais le camp 2 avant la nuit. Mais plutôt que d'attendre ses deux autres camarades qui ont avec eux l'équipement de bivouac, il décide de les laisser là et d'aller, seul, chercher la bouteille d'oxygène au camp inférieur.

En bon bleu, Bielecki s'est vu beau. Il n'a pas encore intégré le cénacle des « *ice warriors* », surnom hollywoodien donné à l'élite de l'himalayisme polonais. Et le voilà qui coince au moment de repartir vers le haut. Chaque pas en avant est désormais accompagné d'un coup de poignard dans les cuisses. Il n'avance plus mais s'obstine. « *Tout à coup, j'entends un sifflement. Je regarde autour de moi. Il n'y a personne. J'avance. Qui est assis là-bas ? Ah non, c'est un caillou. Mais c'est quoi ce son ? Encore ce sifflement.* » (*Le gel ne me fermera pas les yeux*) Encore une étrange similitude avec le récit de Messner au Nanga Parbat en 1978 : « *J'entends des bruits étranges, un sifflement d'abord, puis une sorte de murmure.* »

Il n'est pas rare, aussi, que certains montagnards aient les oreilles qui sifflent lorsqu'ils partent en expédition, surtout quand leur conjoint est resté à la maison avec les soucis du quotidien mais là, c'est autre chose... En plus des sifflements, Bielecki a l'impression d'avoir quelqu'un d'autre dans la tête et il a la curieuse impression d'être observé.

« *Tu vas geler.* » Son sang se glace. Il n'a pas rêvé, il vient d'entendre une petite voix dans son dos. Elle n'était pas au milieu d'un brouhaha, il a parfaitement compris le message. Le colosse vient de se faire recadrer par une fillette. Il comprend qu'il a des hallucinations mais il est sous le choc. Hébété, il s'assoit dans la neige et fait le point. La nuit va tomber dans deux heures et il n'a ni de quoi faire fondre de l'eau, ni de quoi bivouaquer en sécurité. Ses trois camarades, en revanche, sont équipés pour passer la nuit. S'il n'arrive pas à les rejoindre, ce qui est plus que probable, il va effectivement geler... Ne sachant plus que faire de lui, en pleine détresse, il sort sa caméra et se filme. Le moment est pathétique :

« Je suis à peu près à 7 400 mètres d'altitude. Derrière moi se trouve Tomek Wolfart qui avance extrêmement lentement. Je ne sais pas pourquoi Artur et Maciek ne sont pas là. Ils devaient descendre juste après moi mais ils ne descendent pas. Devant moi, il n'y a pas de camp 3. Je n'ai plus de gaz, je n'ai plus rien à boire. J'ai donné à Tomek Wolfart tout ce que j'avais à boire. Je ne sais pas ce que je dois faire, je n'ai de contact avec personne. Merde... Je crois que je devrais sauver ma vie. J'ai peur. Je dois descendre. Il ne nous reste que trois heures de lumière. Si je n'arrive pas au camp 2, je ne survivrai probablement pas à cette nuit. »

Quelques heures plus tard, Bielecki pénètre en rampant dans sa tente où il trouve enfin un bon duvet et de quoi s'hydrater. Il passe la journée suivante à grelotter dans son duvet, rongé par le remords avant de poursuivre sa descente vers la chaleur du camp de base. Là-haut, Hajzer, Stanczak et Wolfart luttent toujours pour leur survie. Stanczak et Wolfart n'arrivent plus à suivre Hajzer qui n'est plus capable de les aider et atteint seul le camp 1. Les deux autres doivent passer une nouvelle nuit dehors. La situation est critique mais au camp de base, les secours s'organisent. Cinq sherpas qui arrivent de l'Everest parfaitement acclimatés partent à la rencontre des naufragés qui seront finalement secourus le 4 octobre, soit sept jours après avoir entamé la descente. Stanczak et Wolfart seront bons pour le bistouri qui leur prélèvera quelques phalanges.

Bielecki, lui, s'en tirera avec une belle soufflante. Pas de quoi l'envoyer sur le bûcher, même s'il eut été intéressant, pour la science, d'observer la combustion de ses organes.

9

Conversation avec les pieds

– Vois-tu, pied droit, mon pied gauche ne se réchauffe pas…

– Quand tu tapes dans le ballon du rugby, tu utilises toujours ton pied droit !

– Qu'est-ce que tu veux dire par-là, pied gauche ?

– Tu devrais avoir plus de considération pour moi.

Il suffit de se cogner le plus petit d'entre eux dans la table basse pour comprendre que les orteils sont des êtres sensibles qui aiment que l'on prenne soin d'eux. L'himalayiste engagé a trop tendance à l'oublier. Par une nuit de septembre un peu fraîche et pauvre en oxygène, très haut sur les pentes de l'Everest, le pied gauche de Doug Scott a pris son courage à deux mains pour dire ses quatre vérités à son propriétaire. Mais que l'on ne s'y méprenne pas, Doug Scott ne craint pas le bûcher. Cette histoire-là n'est pas une histoire de voix mais une histoire de présence : « *Mes orteils n'avaient pas de voix, ni de bouche. C'était simplement une présence. Je leur avais attribué une telle personnalité qu'ils me faisaient l'effet de deux êtres distincts appelant au secours.* »

1975, époque épique. Pendant qu'au Vietnam les Américains déposent enfin les armes, dans le Larzac, des hordes de hippies luttent pacifiquement au milieu des chèvres en écoutant Marley, Clapton, Pink Floyd et Led Zeppelin. Mike Brant se jette par la fenêtre, *Les Dents de la mer* cartonne au cinéma et Gainsbourg chante *L'Ami Caouette* à la radio. En Himalaya, la Japonaise Junko

Tabei est la première femme à gravir l'Everest tandis qu'une colonie de Chinois bardés d'oxygène se hisse au sommet par l'arête nord-est et passe le relais à Reinhold Messner et Peter Habeler qui s'en vont inventer le style alpin au Hidden Peak. Pattes d'eph', cheveux longs, *peace and love*, les Anglais aussi sont dans le coin. L'époque est aux nouvelles voies et aux premières grandes faces. En 1970, Chris Bonington et sa bande ont gravi la face sud de l'Annapurna et les voilà qui lorgnent la face sud-ouest de l'Everest. À Katmandou, capitale hippie de l'alpinisme, les substances hallucinogènes circulent, même pas sous le manteau. Doug Scott, qui s'est fait la tête de John Lennon pour l'occasion, n'aura pas besoin de ça. Toucher le nirvana en claquant des doigts ne l'intéresse pas. Il préfère claquer des dents. Sa came à lui, c'est l'altitude.

Peter Boardman, Joe Tasker, Martin Boysen, Don Whillans, Mick Burke, Paul Braithwaite, Nick Estcourt, Dougal Haston, Hamish MacInnes... Dans les années 1970, les Anglais ont une génération de grimpeurs exceptionnels dont certains, comme Doug Scott, deviendront plus tard les apôtres du style alpin. En attendant, regroupés derrière Chris Bonington, leur leader charismatique, ils usent de la corde fixe et de l'oxygène pour venir à bout des premières grandes parois himalayennes. L'époque est au lourd mais les défis sont immenses. La face sud-ouest de l'Everest n'a rien à voir avec la randonnée que propose la voie normale. C'est un mur incliné à 50° qui part de la combe Ouest à 7 000 mètres jusqu'au sommet Sud, 1 700 mètres plus haut, avec une barre rocheuse de 300 mètres en guise de dessert, dans le haut de la face, à presque 8 000 mètres. De quoi se mettre les organes en carafe, cerveau compris.

Ce n'est pas la première fois que des alpinistes tentent leur chance dans la face sud-ouest. En 1970, une expédition japonaise atteint 8 000 mètres mais bute sous la barre rocheuse.

L'année suivante, une grosse expédition internationale dirigée par Norman Dyhrenfurth envoie Don Whillans et Dougal Haston jusqu'à 8 380 mètres. En 1972, Chris Bonington monte une première expédition cent pour cent anglaise qui renoncera elle aussi juste avant le sommet Sud. Tout comme Masura Morita et Tsuneo Shigehiro membres de l'expédition japonaise de 1973, la dernière en date.

Fin août, la bande à Bonington arrive au camp base et commence ses travaux d'Hercule. Il leur faudra un mois entier pour équiper la paroi jusqu'au pied de la fameuse barre rocheuse. Le 20 septembre, c'est Nick Estcourt et Paul « Tut » Braithwaite, soutenus par Chris Bonington et Mick Burke, qui forcent le passage et ouvrent la voie vers le sommet Sud et l'arête terminale. Deux jours plus tard, Dougal Haston et Doug Scott, les deux grimpeurs choisis par Bonington pour la première tentative sommitale, franchissent l'obstacle à leur tour grâce aux cordes fixées par leurs camarades et s'installent au camp 6 qui servira de rampe de lancement.

Pendant qu'ils creusent une plateforme confortable pour poser leur tente, leurs camarades déposent les quelques charges qui seront nécessaires pour terminer l'ascension, puis repartent un à un vers le bas, laissant les deux grimpeurs seuls avec leur excitation fébrile. Malgré l'altitude, Haston et Scott sont en forme. Comme le veut la tactique en vigueur dans ce genre d'expédition, ce sont les autres qui ont travaillé pour eux, en les préservant pour la phase terminale, celle qui mène à la gloire. Le 23, ils partent vers le haut mais pas vers le sommet. Ils doivent d'abord installer 500 mètres de cordes fixes qui faciliteront la descente dans la traversée du névé supérieur, sous le sommet Sud. C'est finalement le 24 septembre, à 3 heures du matin, que les deux hommes s'élancent vers le sommet, en forme, bien hydratés, parfaitement acclimatés et bien aidés par leurs appareils à oxygène.

Il leur faudra pourtant dix heures pour atteindre le couloir qui mène au sommet Sud, puis ils passeront encore deux heures à se débattre dans ledit couloir que la mousson estivale a sauvagement rempli de neige molle dans laquelle ils s'enfoncent jusqu'aux genoux. Il est déjà 15 heures lorsqu'ils débouchent enfin au sommet Sud et prennent pied sur l'arête terminale où un vent féroce les accueille. La face sud-ouest est gravie mais le plus aléatoire reste à faire : aller au sommet et en redescendre. Avant de continuer leur chemin, désormais beaucoup moins raide, les deux Anglais creusent une petite grotte de neige dans laquelle ils se restaurent et se reposent un petit moment avant de repartir sans se douter qu'à cet endroit précis, ils passeront d'ici quelques heures, une nuit pour le moins étrange.

Aucun des deux n'a jamais été aussi loin sur l'Everest mais ils connaissent parfaitement la voie empruntée par Edmund Hillary et Tenzing Norgay vingt-deux ans plus tôt. Ils savent que le sommet leur tend les bras, même si la neige est toujours aussi profonde. Le ressaut Hillary n'est même plus un ressaut. La mousson l'a transformé en une arête neigeuse aussi raide que dangereuse. Haston en fait son affaire pendant que son compère transforme le moment en un cliché légendaire, depuis maintes fois recyclé en poster. On y contemple l'alpiniste progressant vers un pic mystérieux semblant émerger des nuages, comme dans un dessin de Samivel. Au bout de son bras gauche, le reflet du piolet qui s'apprête à agripper la neige prend des allures de flamme olympique en route vers on ne sait où. Il leur reste désormais 100 mètres de marche jusqu'au sommet.

Ces derniers 100 mètres, Doug Scott les vit comme s'il était devant sa télévision : « *Je me suis retrouvé à quelques mètres au-dessus de mon épaule gauche, à me regarder marcher. Des personnes endormies au bloc opératoire racontent parfois qu'elles se séparent de leur corps et qu'elles regardent le chirurgien opérer. C'était un peu ce genre de sensation.* » Sur l'arête sommitale d'une montagne, le phénomène permet d'être deux fois plus attentif aux erreurs, on est jamais mieux suivi que par soi-même : « *En m'observant me diriger vers les corniches à droite, je me suis dit de rester à gauche parce que sinon j'allais passer à travers. Et à chaque fois que je trébuchais dans la neige, je me conseillais de ralentir.* » (E-mail)

Il est tout à fait étonnant, à cet instant précis, de superposer ce récit avec celui de Reinhold Messner et Peter Habeler passés à ce même endroit trois ans plus tard lors de la fameuse première sans oxygène. Dans son livre *Everest sans oxygène*, Messner raconte la confidence que lui a faite son compagnon de cordée à leur retour au col Sud : « *Après le ressaut, celui qui grimpait, ce n'était pas moi.* » Dans son propre récit (*Everest: Impossible Victory*), Peter Habeler rentre plus dans le détail : « *Malgré l'euphorie, j'étais physiquement complètement fini. Je ne marchais plus avec ma propre volonté, mais mécaniquement, comme un automate. Il me semblait avancer à côté de moi-même, et j'avais l'illusion qu'une autre personne marchait à ma place. Cette autre personne arriva au ressaut Hillary, ces périlleux 25 mètres d'arête, puis grimpa dans les pas de ses prédécesseurs. Il avait un pied au Tibet et un autre au Népal. Du côté gauche, il y avait 2 000 mètres de descente vers le Népal ; du côté droit le mur tombait de 4 000 mètres vers la Chine. Nous étions seuls, cette autre personne et moi. Bien qu'il fût attaché à moi par une courte portion de corde, Reinhold n'existait pas.* »

Simple coïncidence ou magie noire ? Les plus pragmatiques justifieront la similitude par le *shoot* d'adrénaline inhérent à l'escalade du ressaut ou un certain relâchement cérébral (une extase ?) à l'approche du sommet. Pour Doug Scott, c'est une affaire de limites physiques : « *J'imagine que c'est quelque chose qui se produit lorsque nous sommes à la limite de l'endurance physique. Je ne pense pas que cela soit dû nécessairement au manque d'oxygène, car les personnes qui marchent dans les étendues polaires signalent des événements similaires.* » (E-mail) Scott et Habeler auraient simplement les mêmes limites en termes d'endurance, à ceci près que l'un grimpait sous oxygène et l'autre non. On contrebalancera en rappelant que Scott s'était fadé la face sud-ouest tandis que Habeler s'était contenté de la voie normale, bien moins raide. Il est aussi tout à fait possible que les réserves d'oxygène du Britannique aient rendu leur dernier souffle aux environs du ressaut.

Quoi qu'il en soit, comme la plupart des alpinistes victimes d'hallucinations, sur le moment, Doug Scott trouve ça tout à fait normal : « *D'une façon générale, cet état me donne confiance et me paraît si naturel que sur le moment, je ne m'en étonne même pas.* » (*Everest, ultime défi*) On ne fait pas demi-tour à quelques mètres du sommet de l'Everest sous prétexte que l'on se met à flotter dans l'air (ou ce qu'il en reste) au-dessus de son propre corps. L'important c'est le sommet on vous dit ! Le reste on verra plus tard.

À 18 heures, le monde entier s'étale devant les deux alpinistes. Le soleil qui se couche derrière le Cho Oyu leur offre un paysage de carte postale mais ils doivent se faire violence pour penser à l'immortaliser. C'est le trépied en aluminium laissé au printemps par les Chinois auteurs de la première ascension par le nord qui les rappelle à leur devoir : « *Tiens vieux, mets-toi ici et prends une photo pour ma mère.* » Haston s'exécute puis remballe l'appareil. C'est déjà l'heure de redescendre. Le soleil a entamé sa courbe vers le bas et la nuit va bientôt tomber sur le Toit du monde.

Toujours avec un œil sur lui-même, Doug Scott entame la longue marche de retour vers leur camp. Haston lui emboîte le pas et les deux hommes s'engouffrent dans la trace laissée à la montée et qui va les guider dans l'obscurité. Au pied du ressaut Hillary négocié en rappel, les piles des frontales sont les premières à faiblir. Ça sera ensuite le tour des dernières réserves d'oxygène puis, bientôt, des hommes… Parvenus à leur grotte creusée au sommet Sud, ils font une pause puis tentent de descendre dans le noir jusqu'à leur tente. Mais la suite s'annonce trop périlleuse. Résignés, ils remontent à la grotte et optent finalement pour le bivouac à la dure, par – 30 °C, à 8 750 mètres d'altitude.

L'affaire n'était pas prévue. La tente et les sacs de couchage sont restés bien plus bas, au camp 6. Ils sont simplement équipés d'une toile de bivouac. Les travaux de terrassement pour agrandir la plateforme ne réchauffent pas longtemps les organismes et les fatiguent encore plus. Mais ils ne craignent pas pour leur survie, ils savent que d'autres avant eux ont déjà subi ce genre d'épreuve. En 1963, lors de la première ascension de l'arête ouest, Tom Hornbein et Willi Unsoeld avaient bivouaqué vers 8 500 mètres en redescendant par la voie normale népalaise avec Barry Bishop et Lute Jerstad qui venaient, eux, de réussir l'ascension par cette voie. Mais les Américains avaient tous laissé quelques orteils sur le carreau...

Ce qui inquiète les deux hommes n'est pas tant leur survie que la qualité de celle-ci, d'autant qu'ils sont bien plus haut que les Américains. C'est ce stress qui, mêlé à la fatigue, à l'hypoxie et au manque de sommeil, va les pousser aux portes du délire. Obnubilé par l'absence de duvet, Haston entame une conversation irréelle avec Dave Clark, le responsable de l'équipement qui n'est pas dans la grotte mais au camp de base. Précision importante, la radio est restée au camp 6... Pendant que Scott se masse énergiquement le pied droit pour faire revenir le sang dans les extrémités, Haston passe en revue les différents modèles de sac de couchage et donne son opinion à Clark. Plus de quarante ans après, Doug Scott se rappelle une conversation très animée : « *Je me souviens qu'il disait à Dave que l'Ervet était le meilleur des duvets !* » Scott aurait pu se moquer si quelques instants plus tard, il ne s'était pas fait méchamment interpeller par son pied gauche...

« *Mes deux pieds étaient deux entités bien distinctes qui partageaient la grotte avec nous. Mon pied gauche était vraiment très en colère, il se plaignait que je ne l'utilisais jamais.* » Après avoir tenté de calmer les esprits de ses extrémités, il se résout à accorder un peu plus d'attention à son pied gauche et entreprend d'enlever sa chaussette pour l'observer. Il découvre alors que son pied, devenu dur comme du bois, est sérieusement gelé. Mais après une heure de massages en tout genre qui s'apparentent à une mission de réconciliation, le pied reprend petit à petit sa couleur d'origine et son identité de pied. Le commercial en sac de couchage, magnanime, accepte même de l'accueillir sous son aisselle pour le reste de la nuit.

À en juger par l'état de fatigue et le manque de sommeil, on est en droit de se demander si ces conversations improbables ne sont pas sorties d'un rêve, ce qui aurait nettement moins de charme : « *J'en ai parlé à Dougal plus tard, il ne s'en souvenait qu'à moitié mais non, ce n'était pas un rêve. Ce que je pense de tout cela avec le recul, c'est qu'à cette altitude extrême, après une dure journée, vous réfléchissez de manière différente. Vous n'êtes pas complètement hors de contrôle mais les réflexions sur ce qu'il faut faire par la suite se déroulent de manière plus onirique. Mais vous atteignez quand même le résultat souhaité. Comme pour mes pieds, que j'ai réussi à réchauffer.* » (E-mail)

Au lever du jour, les deux alpinistes engourdis réussissent tant bien que mal à se mettre debout pour poursuivre leur descente. Après trente heures sans dormir ni manger, ils sont bien heureux de trouver les cordes fixes installées sur le chemin du camp 6 et à 9 heures du matin, ils s'effondrent dans leurs duvets dont la marque leur importe peu. Bientôt, de petits picotements au bout des pieds les informent que leurs orteils sont sains et saufs, personne ne sera amputé. « *Nous avons tout lieu d'être satisfaits de la qualité de notre survie* », conclut Doug Scott. Le Britannique n'a pas non plus été amputé de son flegme...

Épilogue. Le 26 septembre, deux jours après la réussite des deux Doug, Martin Boysen, Mick Burke, Peter Boardman et le Sherpa Pertemba s'élancent à leur tour vers le sommet. Une heure à peine après son départ du camp 6, Martin Boysen fait demi-tour, son appareil à oxygène est hors-service. À 13 h 10, Boardman et Pertemba parviennent au sommet. En redescendant, ils sont surpris de croiser Mick Burke progressant vers la cime. Ils conviennent de l'attendre au sommet Sud mais la tempête se lève soudainement et au bout d'une heure d'une attente angoissante, Boardman et Pertemba courent se mettre à l'abri plus bas dans leur tente. On ne reverra jamais Mick Burke. Le surnaturel lui aussi a ses limites...

10

Mens sana in decorpore sano

Nous sommes en 1871 sur les pentes du Säntis, sommet de 2 503 mètres d'altitude situé dans les Préalpes appenzelloises au nord-est de la Suisse. Un petit groupe d'alpinistes s'escrime dans la descente d'une paroi rocheuse lorsque se présente un couloir de neige d'allure vicieuse. Le groupe s'arrête, tergiverse, puis le jeune Albert Heim, 22 ans mais montagnard déjà accompli, prend les devants et s'engage dans la pente. Au bout de quelques mètres, un coup de vent lui subtilise son chapeau qu'il tente de rattraper dans un mauvais réflexe qui le déséquilibre. Et le voilà qui part en glissade vers le précipice, inévitable. Tout va très vite.

La chute, d'une vingtaine de mètres, dure à peine quelques secondes. Mais dans la tête de l'alpiniste, le temps se fige, comme si la scène se déroulait au ralenti. Le jeune Albert a le temps de comprendre qu'il va probablement mourir. Pendant ce laps de temps très court, son cerveau passe la surmultipliée et produit une activité mentale fulgurante : « *Tout ce que je pus ressentir et penser durant ces cinq à dix secondes ne peut se raconter, même en dix fois plus long.* » Il pense d'abord à ce qui va suivre et se dit que si la neige a fondu au bas de la paroi, il va s'écraser sur les rochers et mourir. Mais il anticipe aussi sa survie et pense au flacon d'éther de vinaigre qu'il a au fond de sa poche, à son bâton qui peut lui être utile pour enrayer sa chute et à ses lunettes qu'il tente d'enlever pour ne pas être blessé par d'éventuels éclats de verre. Il envisage également le secours que pourraient lui porter ses compagnons : « *Je me dis qu'une fois atterri, je devrais quoi qu'il arrive, que je sois gravement blessé ou non et dans la mesure du possible, immédiatement crier : "Ça ne m'a rien fait du tout !" afin que mes compagnons, parmi lesquels se trouvaient aussi mon frère et trois de mes amis, puissent se remettre de leur terreur et osent s'aventurer dans cette descente difficile.* »

Toujours dans ce même laps de temps, il se rend compte qu'il ne pourra pas donner sa conférence de géologie prévue dans cinq jours à l'université de Zürich. Puis des images se mettent à défiler très rapidement dans sa tête. Elles sont parfaitement assimilées par son cortex qui voit passer des souvenirs enfouis au fond de sa mémoire. Il se revoit notamment, enfant, sur le chemin de l'école puis dans sa classe au collège avec son professeur préféré : « *Je vis ensuite à une certaine distance, comme sur une scène, ma vie entière défiler en de nombreuses images. Je me vis moi-même comme le personnage principal.* » Puis il voit un courtier apporter une lettre à sa mère, lui annonçant la mort de son fils. Il vit tout cela très sereinement, sans aucune inquiétude : « *Des pensées grandioses et réconciliatrices dominaient et se nouaient avec des images isolées, une paix divine ainsi qu'une musique sublime traversèrent mon âme.* » Il se met ensuite à planer, librement, entouré de nuages « *tendres et violacés* ». Puis il entend le son de l'impact.

Si ce récit existe, c'est que la neige n'avait pas fondu au bas de la paroi. Albert Heim s'y est écrasé lourdement mais il a survécu à sa chute. Aidé par ses amis, il parviendra même à redescendre par ses propres moyens malgré de sérieuses contusions. Cinq jours plus tard, il est debout derrière son pupitre pour donner sa première conférence à l'université. Il deviendra par la suite un glaciologue et géologue mondialement reconnu et un éminent professeur à l'École polytechnique de Zürich. Un refuge de la région du col de la Furka, au pied du Tiefengletscher, porte d'ailleurs aujourd'hui son nom.

Toute sa vie, Albert Heim restera marqué par son expérience au Säntis. Au point de publier, vingt ans plus tard, dans la revue du club alpin suisse, un article intitulé « Notes sur la mort causée par chutes accidentelles ». C'est dans cet article qu'il raconte sa chute au Säntis. Son récit prend place au milieu d'autres témoignages d'alpinistes qu'il a lui-même recueillis et qui ont, comme lui, survécu à une chute partie pour être fatale. La plupart de ces alpinistes rapportent les mêmes sensations au moment où tout bascule : activité mentale décuplée et très intense, grande lucidité, sensation de bien-être, aucune souffrance ni anxiété à l'idée de mourir : « *Plutôt un état d'esprit paisible et serein, une profonde acceptation, un état mental marqué par la vivacité psychique et une sensation de certitude* », écrit-il. Comme lui, nombreux sont ceux qui ont vu défiler leur vie passée puis observé le ciel rempli de nuages avant d'entendre la musique grandiose, juste avant l'impact.

Dans son cultissime *Escalades dans les Alpes*, l'Anglais Edward Whymper raconte un épisode similaire survenu lors d'une de ses tentatives au Cervin en 1862, trois ans avant la célèbre et dramatique première qui coûta la vie à quatre de ses compagnons de cordée. En prise avec de sévères difficultés quelque part sur l'arête du Lion, Whymper est soudainement entraîné en arrière par le poids de son sac, et il tombe à la renverse : « *J'avais parfaitement conscience de ce qui m'arrivait, et je comptai chaque coup ; mais comme un malade chloroformé, je ne ressentis aucune douleur.* [...] *Comme l'ont éprouvé certains individus retirés de l'eau au moment où ils allaient se noyer, le souvenir d'une multitude de choses traversa mon esprit ; beaucoup n'étaient que des trivialités ou des absurdités oubliées depuis longtemps. Ce qui est plus remarquable encore, c'est que mes bonds à travers l'esprit n'avaient rien de désagréable.* [...] *Aussi, d'après ma conviction, fort improbable en apparence, la mort causée par une chute faite d'une hauteur considérable est une des moins douloureuses que l'on puisse subir.* »

Bien plus tard, Doug Scott racontera lui aussi qu'il a vu sa vie défiler lors de son accident à l'Ogre en 1977. Emporté par l'élan d'un pendule mal maîtrisé, le Britannique était venu s'écraser les pieds en avant sur la paroi et s'était brisé les deux chevilles : « *Mes jambes, mes bras, tout mon corps s'écrase contre la roche dans un fracas métallique. Je perds mes lunettes et mon piolet. Je parviens enfin à m'arrêter, balançant au bout de la corde, tous mes os ébranlés. La pression du sang dans ma tête s'apaise d'un coup, tout redevient calme après ce que j'avais ressenti comme le défilement de toute une vie – le temps s'arrête comme lorsque le pire arrive* », écrit-il dans son récit, épique à souhait (*La Première Ascension de l'Ogre*).

À la fin de son article, Albert Heim tire à peu près les mêmes conclusions que Whymper en soumettant l'hypothèse que cet état psychique et les pensées qui vont avec servent à atténuer les effets de la chute par une juste appréciation des conséquences. Autrement dit, face à un danger de mort imminente, l'être humain serait capable, par un travail psychique, de remplacer la terreur par un sentiment de sérénité et d'acceptation de l'inévitable. Ce qui pourrait aussi lui permettre d'augmenter ses chances de survie.

L'article d'Albert Heim fascine d'abord, puis pose les bases de recherches approfondies sur la question de la conscience face à une mort imminente. C'est d'ailleurs en se basant sur cet article qu'en 1895, le philosophe français Victor Egger sera le premier à utiliser l'expression « mort imminente » pour décrire ces situations dans une série d'articles parus dans la *Revue philosophique*. Pour Egger, cette « vision panoramique » (ou « mémoire panoramique »), qui serait plutôt à rapprocher du rêve, fait surgir chez l'individu concerné un jugement moral sur sa vie passée, une sorte de bilan. C'est ce qu'il appelle *un sentiment vif du moi*. Au contraire de Heim qui voit dans ce phénomène une aide à la survie, le philosophe pense que ce retour en arrière implique que le sujet envisage une mort inéluctable et cherche à l'accepter tout en tirant un bilan moral sur sa vie. Et d'après lui, ces expériences ne peuvent se produire que chez des sujets adultes et sains d'esprit, capables d'appréhender la mort à sa juste valeur.

Les travaux de Heim et d'Egger suscitent un vif intérêt à leur parution puis tombent peu à peu dans l'oubli avant de refaire surface aux États-Unis dans les années 1970 par l'intermédiaire de Russel Noyes et Roy Kletti, deux chercheurs en médecine de l'université de l'Iowa, qui exhument le récit de Heim et donnent un nouveau souffle à la recherche sur le sujet. C'est ensuite Raymond Moody, pourtant peu au fait des travaux préliminaires d'Egger, qui popularisera le terme « mort imminente » grâce à son *best-seller La Vie après la vie*, paru en 1975. Dans cet ouvrage, l'Américain rassemble des centaines de témoignages de personnes de tous horizons ayant vécu une expérience aux portes de la mort (EMI en français, NDE en anglais pour *near death experience*) et isole une quinzaine de points communs entre tous ces témoignages qui évoquent la plupart du temps une lumière au bout d'un tunnel, une sensation de bien-être ou encore la vision de parents disparus. Parmi les personnes interviewées, beaucoup racontent aussi qu'au moment où leur cœur s'est arrêté de battre, elles se sont senties quitter leur corps pour s'observer depuis le dessus, exactement comme Doug Scott et Peter Habeler au ressaut Hillary, comme Reinhold Messner au Nanga Parbat ou comme Carlos Carsolio au Broad Peak...

L'étude des « décorporations » à haute altitude montre d'autres similitudes avec les expériences de mort imminente. Les alpinistes qui se mettent à flotter décrivent eux aussi un état d'esprit paisible et serein. Comme l'apparition du troisième homme, la décorporation n'inspire aucune crainte. Doug Scott va même jusqu'à dire qu'à l'Everest, cet état lui a donné confiance et lui a semblé tout à fait naturel. La différence fondamentale entre l'expérience alpine et les EMI tient dans le fait que l'alpiniste, même s'il est dans une situation plus ou moins périlleuse, n'est pas forcément sur le point de mourir. Lorsqu'il s'est mis à flotter au-dessus de lui-même à l'Everest, Doug Scott était encore en pleine ascension et s'il avait été proche de la fin à ce moment-là, il n'aurait jamais atteint le sommet et encore moins réussi à en redescendre.

Depuis la parution du livre de Moody, les EMI continuent d'intéresser psychologues, psychiatres, médecins et scientifiques qui cherchent à expliquer le phénomène dans lequel beaucoup d'auteurs de *best-sellers* ésotériques voient des phénomènes surnaturels et la preuve évidente d'une vie après la mort. Pascal Le Maléfan est professeur de psychologie clinique à l'université de Rouen. Il a beaucoup étudié les EMI et a publié de nombreux articles, en particulier sur le phénomène de la décorporation auquel il préfère le terme de « sortie hors du corps » plus proche du terme anglais « *out-of-body experience* » : « *Je mets toujours le terme entre guillemets parce que ce n'est pas une véritable "sortie hors du corps", c'est simplement une impression qui a des bases neurophysiologiques et psychologiques. Grâce à des connexions neuronales et à l'intégration psychique de mon schéma corporel, je suis capable de m'imaginer me voir d'un point au-dessus de moi. Ce n'est pas pour autant une sortie de mon corps.* »

Les alpinistes fatigués lui offrent un bon cas d'étude : « *Les cas des alpinistes sont intéressants parce que je pense aujourd'hui que ça ne se produit pas seulement dans des situations de mort imminente mais aussi dans toute situation où le psychisme et le corps confondus sont à des limites de désintégration et de souffrance. Ça peut donc répondre aux cas des alpinistes fatigués.* » Plutôt d'accord avec la théorie de Heim, il voit dans ce phénomène un mécanisme de défense qui permet d'accepter et peut-être d'éviter l'inévitable.

Le psychologue qu'il est réfute l'hypothèse souvent avancée que le manque d'oxygénation du cerveau lors de l'arrêt cardiaque soit la seule cause des expériences de mort imminente : « *Je n'exclus pas complètement cette explication mais je pense qu'elle n'est pas suffisante. D'une manière générale, toutes les explications purement physiologiques qui sont données sont intéressantes mais à mon avis pas suffisantes parce que ce n'est pas la cause première. La cause première, c'est le fait qu'un psycho-organisme arrive à sa limite, où il risque la disparition, et trouve des ressources défensives à la fois pour un apaisement et une relance. Le manque d'oxygène peut amener à cette limite mais ce n'est pas lui qui crée les images mentales qui constituent le scénario d'une EMI. Ce n'est qu'un facteur parmi d'autres comme la fatigue extrême ou la déshydratation. C'est toujours la même impasse avec ces hypothèses physiologiques. Elles sont intéressantes mais ne sont pas suffisantes.* »

Comme Carlos Carsolio pointe les limites de la science pour expliquer ses expériences mystiques en montagne, le professeur Le Maléfan suggère de mettre le cerveau et les sciences neurocognitives de côté pour se concentrer sur le psychisme : « *On parle trop du cerveau. Ça a pris une ampleur dans les sciences neurocognitives et la psychologie a un peu été mise de côté. On oublie un peu trop le psychisme qui est différent du cerveau, même si un psychisme a besoin du cerveau pour fonctionner.* »

Les scientifiques qui étudient le fonctionnement du cerveau ont d'ailleurs toutes les peines du monde à expliquer le phénomène. Des expériences assez anciennes ont mis en évidence le rôle joué par la biochimie du cerveau en utilisant la kétamine et la DTM (diméthyltryptamine), de puissants anesthésiants souvent utilisés en médecine. L'injection de ces deux drogues chez des patients sains entraîne souvent les mêmes phénomènes que lors des expériences de mort imminente et notamment des « sorties hors du corps ». Sachant que la DTM est produite naturellement dans le cerveau en situation de stress aigu, les scientifiques ont cru avoir trouvé la clé du phénomène mais il a depuis été établi que la quantité de DTM produite naturellement était beaucoup trop faible pour jouer un rôle fondamental. Les chercheurs cherchent encore.

Le phénomène de « sortie hors du corps » n'aurait-il finalement pas quelque chose à voir avec notre ami le troisième homme ? Le professeur Peter Brugger s'est intéressé à la question et pour lui, le troisième homme n'est rien d'autre qu'un double, « *la projection dans un espace extracorporel de la conscience de notre propre corps* » (rapporté par Geiger). L'alpiniste harassé ne serait pas suivi par un inconnu mais par lui-même. La différence de perception proviendrait donc du fait que, dans le cas du troisième homme, le sujet ne se sent pas quitter son corps, d'où le sentiment d'une présence extérieure. Les spécialistes parlent alors d'autoscopie (le sujet voit un double de lui-même). Brugger (rapporté par Geiger) va même plus loin et considère que lorsque Frank Smythe partage son gâteau à la menthe avec son compagnon invisible sur les pentes de l'Everest, il cherche surtout à être bienveillant avec lui-même, d'où ce sentiment quasi systématique d'avoir le secours d'une aide extérieure.

Mais dans ce cas, *quid* du cas Robert Schauer au Gasherbrum IV ? Que signifierait donc ce troisième homme démoniaque qui cherchait à le pousser dans le vide ? Parmi les innombrables témoignages d'expérience de mort imminente rapportés par Raymond Moody et bien d'autres, un petit pourcentage évoque une expérience effrayante et parfois traumatisante. Il semblerait que la plupart de ces expériences négatives aient été vécues suite à des tentatives de suicide ou par des personnes ayant des pulsions suicidaires. Poussé à bout physiquement et nerveusement, Robert Schauer a-t-il pensé au suicide durant ces longues heures de calvaire sur sa petite vire ?

Lorsqu'il sentit de nouveau la présence dans le bas de la paroi, l'Autrichien n'était plus dans la même situation, il avait fait le plus dur et sentait qu'il allait s'en sortir. Il avait besoin qu'on l'encourage, pas qu'on l'aide à en finir. Et cette fois-ci, la présence était amicale…

Entre ses deux rencontres avec le troisième homme, Schauer a également goûté aux joies de la « sortie hors du corps » pour rejoindre la carcasse du corbeau et s'observer ramper dans la neige : « *Les sensations du vol étaient très intenses – le vent sur mon visage, le froid mordant, l'apesanteur…* » dit-il. Les « sorties hors du corps » peuvent parfois prendre des formes différentes, certains se voient transformés en nuage, d'autres disent avoir toujours leurs bras et leurs jambes. Pourquoi pas un oiseau, fût-il de mauvais augure ?

Le cliché de l'alpiniste suicidaire a la vie dure. Tout drame en montagne s'accompagne de son lot de réactions consternées face à la prise de risque de ces aventuriers fous à lier, ces inconscients aux pulsions morbides, sauvagement attirés par la mort. Les alpinistes aiment pourtant la vie et le crient sur les toits. Même ceux qui, pour vivre pleinement leur passion, poussent le bouchon très loin. Citons à ce titre l'Américain Jim Reynolds après son aller-retour déjanté au sommet du Fitz Roy à l'hiver 2019, sans corde, ni à la montée ni à la descente : « *Je veux vivre ! J'ai une famille et des amis qui sont très importants pour moi. Je ne veux pas compromettre mon amour de l'escalade à cause de la peur. La peur de la mort est évidemment notre plus grande crainte mais l'amour est plus grand que la peur.* » (Recueilli par *National Geographic*) Leur rapport amical avec le troisième homme et leur ressenti positif face aux expériences de « sortie hors du corps » sont peut-être la preuve que les alpinistes aiment la vie, au moins autant que la montagne. Et si l'on en croit Victor Egger, un himalayiste de haut niveau n'est finalement rien d'autre qu'un esprit sain dans plusieurs corps sains.

11

Les dingues de la Mazeno

« *Le sentiment du bonheur est dû à l'action des endomorphines, substances présentes dans le cerveau au pouvoir antalgique, qui agissent comme la morphine, je suis devenu un drogué de l'altitude...* » La phrase est signée Hans Kammerlander, qui raconte dans *Fou d'altitude* comment il est allé chercher sa dose au sommet du K2 en 2001. En 1991, après une ascension dramatique du Manaslu, le Tyrolien s'était pourtant juré de ne jamais retourner à 8 000 mètres mais la sensation de manque était trop forte.

Drogué de l'altitude, montagne addict, accro aux sommets... Vous voulez une dose d'Everest ? À Katmandou, l'agence Altitude Junkies vous proposera un trip sur le Toit du monde ! Pratiquée à haute dose, la montagne dévore, rend fou, brise des couples, des vies... L'alpiniste qui tente le sevrage se roule en boule dans son lit, il sue, il tremble, il va mal... Walter Bonatti avait réussi à tout arrêter d'un coup après l'hivernale au Cervin en 1965, et avait trouvé dans l'exploration de terres inconnues un patch efficace. Reinhold Messner utilisera le même un peu plus tard après en avoir terminé avec les quatorze 8 000. Christophe Profit, lui, a traversé une période de quasi-abstinence après avoir été un peu trop loin au K2 avec Pierre Beghin en 1991. Pour certains, la cure de désintoxication est facile, d'autres n'essayent même pas...

La montagne est certes une passion puissante mais peut-on aller jusqu'à parler de toxicomanie pour les alpinistes qui poussent très loin la pratique ? Dans le chapitre scientifique, le professeur Richalet évoquait, comme Hans Kammerlander, une éventuelle addiction aux endorphines : « *Si on associe une expérience donnée avec un plaisir, par le biais des endorphines, on va rechercher la même expérience même si elle est extrêmement stressante au départ pour essayer de reproduire la situation.* » Toute passion, dès lors qu'elle empiète un peu sur le reste, doit-elle être pour autant qualifiée d'addictive au sens scientifique du terme ?

Les addictions sportives et les pratiques de l'extrême font l'objet de débats sérieux dans la communauté scientifique mais elles ne sont pas aujourd'hui reconnues en tant que telles par l'Organisation mondiale de la santé au même titre que le jeu pathologique, les achats compulsifs, les troubles liés à l'hyperactivité sexuelle ou la dépendance aux écrans. Si la montagne vous appelle, il n'est donc pas forcément nécessaire d'en parler à votre médecin.

La comparaison entre les effets observés dans le cerveau de l'alpiniste soumis à l'hypoxie et ceux provoqués par l'alcool ou le cannabis semble pourtant pertinente. Certains décrivent un état euphorique, d'autres vont jusqu'à parler de sensation d'ivresse : « *Ce n'est pas naturel comme état, on est complètement con, déjanté. On ne s'appuie plus sur une réflexion cérébrale mais sur l'instinct de survie. On a des hallucinations. C'est l'effet d'une drogue, sauf que ça dure plus longtemps qu'un joint et c'est légal !* » raconte à l'*Obs* François Marsigny, célèbre alpiniste français aujourd'hui redescendu des hautes cimes himalayennes pour encadrer très sérieusement la formation des guides.

Mais comme pour l'alcool, nous ne sommes pas tous égaux devant les effets de la haute altitude. Certains prennent un sérieux coup de bambou dès 3 000 mètres, d'autres se sentent comme chez eux à 8 000. C'est le cas d'Élisabeth Revol qui n'a jamais ressenti la moindre ivresse là-haut : « *Non, je me suis toujours sentie dans mon état normal. Que ce soit au sommet de l'Annapurna en 2009 ou même sur celui du Nanga Parbat en 2018 (avant que la descente ne vire au cauchemar), je n'ai jamais eu l'impression d'être ivre ou droguée et pourtant je n'étais pas forcément toujours très bien acclimatée.* » Son mari Jean-Christophe confirme : « *Quand elle m'a appelé depuis le sommet du Nanga Parbat, elle avait l'air tout à fait normale, elle m'a parlé comme si elle était au camp de base.* »

La comparaison avec la prise de LSD semble elle aussi tenir la route. Le LSD ne provoque pas de dépendance physique ni de syndrome de sevrage mais les spécialistes évoquent une addiction psychologique qui peut entraîner l'usager à augmenter petit à petit les doses pour retrouver l'effet recherché. Mais c'est surtout dans la liste, longue comme un bivouac sans duvet, des effets observés que la comparaison s'avère intéressante. On y trouve pêle-mêle : hallucinations visuelles, hallucinations auditives, impression de vivre dans un monde plus coloré, amélioration de la spiritualité, effet zoom, distorsion du temps qui passe. C'est à se demander si Troillet, Carsolio, Kurtyka, Marshall et les autres ne grimpaient pas avec du LSD dans le sac à dos, ce qui remettrait sérieusement en question la légitimité de ce livre…

Comme la montagne, la prise de LSD n'est pas sans risque et passé la récréation, les effets secondaires peuvent, à long terme, entraîner des états paranoïaques et suicidaires. Pour réduire le risque, le site Internet psychoactif.org donne l'avertissement suivant : « *Le LSD est une drogue hallucinogène puissante, qui amplifie l'état de conscience. Pour prendre du LSD, il faut être bien dans sa tête, choisir un endroit où l'on se sent bien, non fermé et oppressant. Surtout lors des premières consommations, il est préférable de se faire accompagner par des personnes d'expérience, qui pourront vous rassurer et vous conseiller si le trip part mal.* » Ce même message dans lequel on remplacerait « LSD » par « haute altitude » n'aurait-il pas sa place placardé sur la porte du refuge du Goûter ?

L'alpiniste écossais Sandy Allan a expérimenté les deux et pour lui la comparaison ne tient pas : « *Non, vraiment, ça n'est pas la même chose. Les effets sont très différents* », raconte-t-il entre un café et un croissant dans la cafétéria du festival de Ladek en Pologne. Le LSD, c'était du côté de Chamonix dans les années 1970, à l'époque du camp Snell, célèbre camping squatté par les grimpeurs britanniques et du bar Le National (« Le Nash » pour les initiés), où ces mêmes grimpeurs venaient engloutir des fûts de bière en rêvant de grandes parois himalayennes. Parti tenter la face nord du mont Gruetta sur le versant italien du massif du Mont-Blanc en compagnie de Mark Miller, Allan s'enfile quelques petites tablettes « qui ressemblaient à du carton avec un canard imprimé sur une face ». Au beau milieu de l'ascension, il se rend compte qu'elles étaient imprégnées de LSD… « *Ça a été une bonne rigolade. La voie nous a pris beaucoup plus de temps que nécessaire car nous avons enfreint toutes les règles. Les petits canards ont dû nous faire perdre une journée ou deux au refuge.* » (*L'Arête de l'éternité*)

Son autre expérience hallucinatoire, c'était au Nanga Parbat à l'été 2012, sans LSD mais avec son compère Rick Allen. Là aussi la voie leur a pris beaucoup plus de temps que prévu mais cette fois-ci, on ne peut franchement pas parler de bonne rigolade…

Le Nanga Parbat est un haut lieu de l'hallucination, une véritable salle de *shoot*. En plus des cas Hermann Buhl, Reinhold Messner et Carlos Carsolio déjà évoqués plus haut, on ajoutera l'expérience de Toni Kinshofer qui eut l'impression de déambuler dans une plantation de tabac en redescendant du sommet lors de la deuxième ascension en 1962. En 2004, lors d'une magistrale et épique ascension sur le versant Rupal avec Steve House, l'Américain Vince Anderson fit, lui, un bout de chemin avec le troisième homme à l'approche du sommet. La même année, l'Allemand Jens Triebel raconte qu'il a eu des visions de démons et d'anges gardiens durant sa descente cauchemardesque :

« *Des gens, bons au mauvais, qui passaient et m'indiquaient des directions.* » L'un des démons avait pris la forme d'un fourmillon, un insecte qui creuse des trous dans lesquels il attire ses proies. Il dit aussi avoir rencontré un compositeur de Prague qui battait la mesure tout en lui indiquant où mettre ses crampons et son piolet : « *Il me guidait comme un chef d'orchestre.* » (Extrait du film *Nanga Parbat, la montagne tueuse*)

L'épopée de Sandy Allan et Rick Allen prend place sur l'interminable arête Mazeno qui relie le col du même nom (à 5 300 mètres) au sommet du Nanga Parbat, 3 000 mètres plus haut. Un parcours de presque 15 kilomètres d'ascension à très haute altitude, dans un monde sauvage et inquiétant où les pires embûches se dressent au milieu de formidables coups de tabac. Le genre d'aventures réservées à des personnages de contes pour enfants, des ogres à la barbe abondante, aux mains épaisses et au regard austère de ceux qui ont vu tant de drames. Sandy Allan, lui, semble tout droit sorti d'un bureau d'études ou d'un cabinet de comptable. Et avec ses 60 kilos de flegme et de nonchalance, Rick Allen semble plus paré pour une partie de pêche entre amis que pour un séjour en enfer. Derrière ces airs de M. Tout-le-monde se cachent pourtant deux redoutables carcasses surmontées d'un moral en titane.

Âgés respectivement de 57 et 59 ans au moment des faits, Allan et Allen sont des vieux de la vieille, des durs à cuire taillés dans la rigueur des hivernales écossaises. En 1985, ils grimpaient déjà ensemble sur l'arête nord-est de l'Everest et en 1995, ils étaient de la tentative avec Doug Scott sur la Mazeno. En Himalaya, l'expérience et la sagesse des anciens valent parfois toute la fougue de la jeunesse mais ce 13 juillet 2012, leur décision de laisser leurs camarades et de continuer vers le sommet n'avait pourtant rien de raisonnable.

Après une première tentative qui les mène jusqu'à 7 900 mètres, non loin de la brèche Merkl, les quatre autres membres de l'expédition jettent l'éponge. Les trois sherpas Zarok, Rangdu, Nuru et la Sud-Africaine Cathy O'Dowd en ont assez vu et décident de redescendre. Le terrain est plus difficile que prévu, les vivres et les forces s'amenuisent mais les deux Écossais veulent rester un peu, pour voir.

Le lendemain matin, c'est tout vu, ils repartent vers le haut. Petit détail qui aura son importance par la suite, un cinquième membre de l'expédition est redescendu avec les autres : le briquet de secours. Dans les sacs à dos, ils emportent quelques biscuits, un réchaud, une seule cartouche et donc, un seul briquet. La tente et les matelas, trop lourds, restent au bivouac. « *Il nous semblait alors évident qu'une seule longue journée suffirait pour aller au sommet* », raconte Sandy Allan dans son livre *L'Arête de l'éternité*. Avant de partir, il réfléchit aux différentes solutions de repli en cas de souci : traverser vers la voie Kinshofer, descendre par la voie de Messner en 1978... Mais l'état des lieux se termine par une évidence : « *En fait, pour être honnête, nous n'envisagions pas d'échappatoire.* » Vers 8 h 30 du matin, les deux alpinistes enfilent leurs sacs à dos et, comme l'exige le cérémonial en vigueur dans ce genre de circonstance, ferment la porte derrière eux.

Ce n'est pas une longue journée qu'il leur faudra pour aller au sommet mais deux. À 17 heures, ils décident de s'arrêter et de prendre leur temps pour creuser une grotte confortable pour bivouaquer. Il n'y aura pas de sommet le lendemain si la nuit est mauvaise. Et il faudra probablement y passer une nouvelle nuit à la descente. Une séance de terrassement, une tasse de thé, une razzia sur les derniers biscuits, quelques heures d'un sommeil haché et les voilà qui entament leur quatorzième journée sur la montagne. Cela fait près de deux semaines qu'ils évoluent autour de 7 000 mètres.

Durant leur pénible montée, ils n'aperçoivent pas la moindre âme qui vive. Le Nanga Parbat, même s'il n'est pas le plus couru des 8 000, voit habituellement passer quelques expéditions à la belle saison mais cette année, la montagne semble déserte. Les deux Écossais sont livrés à eux-mêmes. Pendant des heures interminables, ils se relayent pour faire la trace et en début d'après-midi, le brouillard s'en mêle. Il leur semble avoir atteint un point culminant mais Allan ne reconnaît pas l'endroit qu'il a déjà visité en 2009. Pendant quelques heures, ils errent dans la brume à la recherche du sommet qu'ils finissent par atteindre à la faveur d'une éclaircie providentielle. L'interminable arête Mazeno est enfin gravie mais pour valider la nouvelle ligne dans l'histoire de l'alpinisme, il faut maintenant survivre.

Le retour vers la grotte s'effectue dans l'obscurité et l'angoisse. Allan a la sensation d'être suivi mais pour les hallucinations, il faudra attendre encore un peu. C'est la mort qui leur tourne autour : « *Nous sommes toujours encordés mais l'endroit respire la solitude. J'ai l'impression que la mort marche dans nos pas, juste cachée hors de notre vue.* » La nuit est noire lorsqu'ils réintègrent leur terrier. Les esprits sont vermoulus mais pas assez pour oublier l'essentiel : boire. C'est à ce moment précis que l'histoire de cette ascension gagne sa place dans ces pages. Le briquet ne fonctionne pas...

À cette heure-ci, celui de rechange doit se trimbaler quelque part 3 000 mètres plus bas dans la poche de Cathy O'Dowd. Pas de briquet, pas de réchaud, pas de réchaud, pas d'eau. L'altitude est très élevée, les organismes sont à bout, les gosiers sont desséchés, l'heure est grave : « *La lente mécanique de l'épuisement s'est emballée. Nos corps vont cesser de fonctionner dans un spasme, ce n'est plus qu'une question de temps.* » Mais le spasme terminal est encore loin, ils n'ont pas encore entendu les « bruits de la machine humaine en train de tomber en panne », selon l'expression de Voytek Kurtyka.

Le lendemain matin, la machine n'a plus d'essence mais puisque la pente est dans le bon sens, elle avance encore. Rick Allen est le plus touché des deux. Il perd peu à peu les pédales et se met à parler tout seul, « *un charabia impossible à retranscrire* ». Allan le sermonne, l'invective. C'est lui qui prend la descente en main : « *Le corps de Rick est avec moi mais il est clair que son esprit s'est évadé ailleurs.* » Toute la journée, les deux spectres progressent lentement vers le bas mais l'obscurité fait bien vite son retour. Alors qu'il est occupé à creuser une nouvelle grotte, Allan entre soudain dans une nouvelle dimension et quitte un instant son corps pour observer une version agrandie de lui-même. Comme pour Doug Scott à l'Everest, l'expérience est positive et l'Écossais s'offre même un moment de spiritualité : « *Je réalise que quelque chose de profond est en train de se produire. Dieu fait l'inventaire, me dis-je. Il coche une liste – deux humains sur les flancs d'une montagne. Je me sens soudain élevé spirituellement, encouragé et rassuré. Totalement à ma place dans cet environnement sauvage. J'ai une conscience aiguë de notre exposition et de mes peurs profondes, mais je sens désormais que je reçois une énergie positive. La nature me rassure : je suis conscient, j'ai assez de talent et d'expérience pour affronter ce qui est en train de se passer. Je me sens fort, absolument convaincu que je peux faire ce qu'il faut. Je ne sais pas d'où ça vient, mais je sais que j'ai la force de continuer.* »

La nuit n'est pas pire que les précédentes. À l'aube, les deux compères réussissent à se remettre en route. Rick marche devant tandis que Sandy tient fermement la corde, prêt à réagir à la première embardée. C'est dans sa tête qu'elle va se produire. À l'approche du camp 3, l'Écossais aperçoit soudain un personnage familier assis sur un bout de rocher : « *C'est clair comme le jour. C'est Snoopy. Je trouve ça très rassurant de savoir qu'il est ici.* » Un peu plus loin, c'est une sorcière chevauchant un balai qui lui passe sous le nez : « *Elle a un nez crochu et un chapeau de sorcière biscornu qui me rappelle le fameux clocher tordu de l'église de Chesterfield, dans le centre de l'Angleterre.* » Snoopy est toujours là, il sourit à l'alpiniste décontenancé. La vision lui semble tellement réelle qu'il sort son appareil photo pour capturer un souvenir. Peut-on considérer ça comme de la lucidité ? « *Rick me demande pourquoi j'en prends autant et je me demande si je dois lui dire.* »

Un alpiniste qui titube tel un noctambule aviné est soutenu par un autre qui tente de prendre Snoopy en photo… étonnant spectacle… Avec le soleil qui se lève, le Nanga Parbat prend des airs de sortie de boîte. Autre effet pervers de la déshydratation, le sang circule moins bien dans les tuyaux et les extrémités commencent à geler. Puisque Allan ne se rend plus compte de rien, son cerveau lui envoie un messager sous la forme d'un lapin. C'est un jeune mâle, « *un peu dingue, très vif et alerte. Il semble d'une effronterie tonitruante* ». Comme le lapin d'*Alice au pays des Merveilles*, il est équipé d'un gilet rouge et d'une montre gousset mais il porte aussi un chapeau de feutre « *d'un type qu'Hermann Buhl aurait pu avoir lors de la première ascension de la montagne* ».

Le lapin gambade autour d'eux dans la neige, sans chaussures ni crampons, et dans un éclair de lucidité, Allan en conclut qu'il va se geler les pattes. Il est très inquiet à la fois pour Rick et pour les pattes du lapin. Lorsque le lapin disparaît, Allan réalise que c'est lui qui est en train de geler. Ses orteils sont de plus en plus douloureux et la peau de son nez, dont la protection a glissé, commence à partir en lambeaux.

Se serait-il seulement rendu compte que ses extrémités gelaient sans l'apparition du lapin ? À l'Everest, en 1975, Doug Scott aurait-il sauvé ses pieds sans cette fameuse conversation d'homme à orteils ? Adam Bielecki serait-il reparti vers le haut sans l'intervention de la petite voix au Makalu en 2011 ? Comme l'apparition du troisième homme, souvent perçue comme un appui bienveillant, les hallucinations visuelles et auditives pourraient-elles prendre la forme d'une aide ou d'un signal de détresse envoyé par le cerveau ? Serait-ce encore l'une de ces merveilleuses et étonnantes capacités d'adaptation du corps humain ? Les sceptiques argueront que si Toni Kinshofer s'en était grillé une dans sa plantation de tabac, il n'aurait probablement pas survécu. Quant à Jean Troillet, doit-on comprendre qu'il a manqué une carrière de danseuse de ballet ?

Sandy Allan et Rick Allen devront encore subir un bivouac supplémentaire à 6 300 mètres mais ils survivront. Dans la journée du 18 juillet, après une odyssée de dix-huit jours sur la montagne, ils seront ramassés à la petite cuillère par Marek Holecek et Zdenek Hruby, deux grimpeurs tchèques qui passaient par là avec un thermos plein de thé bien chaud : « *C'est vous les Écossais dingues de la Mazeno ?* »

Sandy Allan n'a pas parlé de ses hallucinations à son compagnon de cordée. Ni sur le moment ni après. Il n'en a d'ailleurs parlé à personne. Et puis quelques mois après être rentré du Nanga Parbat (et avoir, accessoirement, reçu un Piolet d'or), il est parti grimper en Pologne avec Voytek Kurtyka. Après la journée de grimpe, les deux amis se sont retrouvés autour d'une bonne bouteille de vin et ont commencé à parler du Nanga Parbat. Lors de la présentation de son livre à Chamonix quelques mois plus tard, l'Écossais est revenu sur cette discussion un peu spéciale entre ceux qui ont accepté de jouer avec la mort : « *Quand on fait des voies de cette ampleur en Himalaya, c'est difficile d'en parler avec des proches parce qu'ils ne savent pas ce que ça représente. Voytek a vécu ça au Gasherbrum IV avec Robert Schauer et ça m'a fait beaucoup de bien d'en parler avec quelqu'un qui pouvait comprendre. Voytek m'a dit que je devais parler de mes hallucinations à Rick.* »

En 2014, « les dingues de la Mazeno » ont été invités au festival de Banff, au Canada, pour parler de leur aventure au Nanga Parbat. Juste avant de monter sur scène, Sandy s'est approché de son vieux copain pour lui faire une confidence : « *Il faut que je te dise quelque chose. Pendant l'interview, je vais peut-être parler des hallucinations que j'ai eues là-haut...* » La confidence n'a l'air de rien mais il était important de la faire : « *Lorsque j'ai fait lire la première version de mon manuscrit, les gens ont trouvé que j'étais dur avec Rick. Et quand on était en détresse sur la montagne, Rick pensait que j'étais vraiment fort alors que pendant que je l'assurais, je voyais des lapins courir autour de nous... Parler de mes hallucinations m'a fait prendre conscience que nous étions en fait dans le même état tous les deux.* »

Sandy Allan ne s'est pas étendu sur la question de la comparaison entre les effets du LSD et de la haute altitude. Il l'a même balayée d'un revers de la main. On comprend mieux pourquoi. Les effets sur le cerveau sont peut-être similaires mais le trip n'a rien à voir. L'un est un moment de récréation offert par un subterfuge facile, l'autre est une aventure humaine.

12

Rêves, hallucinations ou les deux ?

Pendant que Sandy Allan et son lapin tenaient tant bien que mal leur cordée à bout bras dans la descente du Nanga Parbat, Rick Allen dormait. Pas du sommeil du juste mais du sommeil de l'alpiniste. Une sorte de léthargie permanente qui oscille entre le roupillon, le coma et des phases d'éveil. Quel que soit le niveau d'anesthésie, le cerveau continue de travailler et d'envoyer des informations. Faire le tri dans ces signaux à partir de récits plus ou moins biaisés en fonction de l'état de délabrement de l'alpiniste n'est pas évident. Qu'est-ce qui tient du rêve, qu'est-ce qui tient de l'hallucination ? La limite entre les deux est parfois ténue et les alpinistes eux-mêmes ont parfois du mal à s'y retrouver.

On parle d'hallucination visuelle lorsqu'il y a perception sans stimulus dit la science. La vision peut aller d'une simple lueur à un objet, un personnage ou un animal qui prend place dans des scènes plus ou moins animées. Le Snoopy, le lapin et la sorcière de Sandy Allan remplissent tous les critères. C'est moins flagrant lorsque Stephen Venables quitte quelques secondes les pentes sommitales de l'Everest pour une plage espagnole ou lorsque Robert Schauer part acheter des saucisses au supermarché entre deux descentes en rappel sur le Gasherbrum IV.

Élisabeth Revol a elle aussi connu des moments compliqués sur le Nanga Parbat en 2018 lors de cette fameuse hivernale qui a mal tourné. Durant ces longues heures, perchée à plus de 6 000 mètres d'altitude, à attendre que deux bonnes âmes viennent la tirer de ce mauvais pas, elle a beaucoup lutté contre le froid, la soif, l'hypoxie et le stress. À son retour en France, elle avait dit avoir eu des hallucinations et avait rapporté une conversation étonnante avec une vieille dame qui lui avait demandé sa chaussure en échange des tasses de thé chaud que lui apportaient des gens sortis de nulle part. Prise dans son délire, elle avait enlevé sa chaussure et s'était gelée les orteils. Mais quelques mois et une bonne prise de recul plus tard, les images désordonnées ont laissé la place aux souvenirs.

« *Je me rappelle très bien de cette scène. C'était un rêve de chaleur, de thé chaud... se terminant sur cette vieille dame qui me sort de mon rêve et me réveille* », explique la Drômoise. Elle se rend compte à ce moment-là que l'un de ses pieds est en train de geler et retire alors sa chaussure pour enlever le feuillet d'aluminium placé à même la peau, qui devait protéger ses chaussettes de l'humidité et lui tient plus froid qu'autre chose. « *Quand je retire ma chaussure, je suis réveillée, je ne suis plus dans mon rêve. J'aurais dû la remettre à ce moment-là mais elle était hyper froide et j'étais complètement épuisée...* » Des discussions avec les uns et les autres lors de sa convalescence ont aussi joué un rôle dans la remise en ordre des images et lui font aujourd'hui dire que tout cela n'était qu'un rêve : « *J'en ai discuté avec les médecins qui m'ont dit que c'était probablement plus des rêves que des hallucinations. Et puis j'en ai aussi parlé aux gars avec qui je fais du raid. On en est arrivés à la même conclusion sur ces questions d'épuisement et de manque de sommeil pendant une longue course de plus de cinquante heures non-stop...* »

Les marins du Vendée Globe parlent de « dette de sommeil ». Soumis également à des états de stress et de fatigue extrême, la gestion du sommeil est pour eux un élément clé de la course. Ils l'abordent de manière scientifique, de façon à être dans le meilleur état possible lorsque la météo et la navigation requièrent une concentration maximale. Ils savent, en consultant leurs carnets de bord ou leurs appareils de mesure, si le seuil critique de dette de sommeil est dépassé et s'ils s'exposent ainsi à des incidents qui leur feront perdre du temps. Mais les marins ne connaissent pas le style alpin.

Pour les alpinistes qui le pratiquent sous sa forme la plus pure, c'est l'improvisation qui est un élément clé de l'aventure. Quand ils ont coupé le contact avec le monde d'en bas, ils ne soucient pas de savoir quand ni comment ils vont dormir. Ils grimpent, c'est tout. Et si le sommet ou leur survie l'exige, ils sont prêts à ne pas s'allonger pendant plusieurs jours, peu importe la dette. L'alpiniste n'a pas de course à gagner et grimpe à crédit.

Technique souvent utilisée dans les salles de torture, la privation de sommeil est un stress terrible et un facteur susceptible de déclencher des hallucinations. Mais celui qui déambule depuis plusieurs jours à une altitude indécente dans un état de tension quasi permanent ne risque pas de prendre un coup de gourdin ou une décharge électrique à chaque fois qu'il pique du nez et il peut s'autoriser quelques phases de microsommeil, tout en veillant à ne pas sombrer définitivement. De nombreux témoignages, comme celui d'Élisabeth Revol, montrent qu'en conditions extrêmes les rêves qui surviennent lors de ces phases de microsommeil sont souvent aussi étranges qu'ils paraissent réels.

C'est probablement dans cet état que s'est retrouvé Doug Scott lors de sa descente épique de l'Ogre en 1977. Épuisé, déshydraté et les deux chevilles en carafe après son pendule malheureux, le Britannique raconte avoir parfois eu du mal à maîtriser ses pensées : « *Parfois, alors que je me reposais appuyé dans la neige sur les mains et les genoux, des images de chez moi, de Jan et des enfants me traversaient l'esprit. J'ai même pensé à envisager un agrandissement de notre cuisine ! À d'autres moments, en fermant les yeux, je voyais des gens que je connaissais, comme des caricatures, notamment mon père poussant un landau, en culotte de cuir retenue par des bretelles roses, ses cheveux coupés court sur la nuque et les côtés, une raie bien faite au milieu. Il me disait de ne pas m'inquiéter.* »

Cette activité mentale un peu particulière est bien connue des spécialistes du sommeil qui parlent d'un état de conscience onirique, c'est-à-dire une phase pendant laquelle il y a une confusion entre l'état de veille et l'état de sommeil. En psychiatrie, l'onirisme est un état de conscience aigu qui se caractérise par des hallucinations et des illusions visuelles, souvent cauchemardesques, qui peuvent amener le sujet à commettre des actes déroutants voire dangereux, comme la défenestration par exemple. Parmi les causes susceptibles d'entraîner ce genre d'état, on trouve l'alcool, des hallucinogènes comme le LSD, une extase mystique ou encore un stress très important. L'himalayisme extrême en quelque sorte...

L'étude du sommeil montre aussi qu'il existe, à l'endormissement et au réveil, des phases particulièrement propices à la confusion mentale. Avant de sombrer dans le sommeil paradoxal, le sujet passe par l'état hypnagogique, durant lequel il dort sans vraiment dormir et peut avoir quelques visions surprenantes. Avant de se réveiller, il passera par l'état hypnopompique, durant lequel il est réveillé sans vraiment être réveillé. Là encore, le mélange rêve-réalité peut parfois être déstabilisant. Surtout pour celui ou celle qui lutte contre le froid, la soif et le stress, à des années-lumière de son lit.

Rick Allen a appris à faire la différence entre rêves et hallucinations : « *Au Nanga Parbat, je n'ai pas eu des hallucinations comme celles de Sandy mais il est fort possible que durant la descente, mon esprit se soit égaré dans des endroits que je ne connaissais pas* », confie-t-il. L'Écossais, qui a beaucoup baroudé sur les sommets himalayens a souvent fait ce genre d'expérience : « *Des rêves très étranges et surtout, qui semblent tout à fait réels.* »

Comme en 1985 à l'Everest, où il a passé une nuit solitaire juste en dessous de 8 000 mètres lors d'une expédition sur l'arête nord-est. Il raconte que pendant ce bivouac difficile, il a senti une présence qui lui a parlé et qui a tenté de l'attirer vers l'arête connue sous le nom de *Fantasy Ridge*, précisément là où avaient disparu ses compatriotes Peter Boardman et Joe Tasker en 1982 : « *C'était un rêve mais ça avait l'air si réel… c'était vraiment bizarre…* » Mais son expérience la plus déroutante est bien plus récente.

À 60 ans passés, les dingues de la Mazeno n'en ont toujours pas fini avec l'Himalaya et à l'été 2018, ils sont repartis s'aventurer dans le massif du Karakoram, sur les pentes du Broad Peak pour tenter d'y ouvrir une nouvelle voie. Mais cette fois-ci, Sandy Allan a su se montrer raisonnable. Contrairement à son incorrigible compère qui est bien conscient d'être une nouvelle fois passé proche du grand voyage : « *Je crois que mon Dieu m'a sauvé encore une fois.* »

Le 8 juillet, les deux Écossais atteignent le camp 3 à 6 900 mètres, sur la voie normale où ils viennent de terminer leur phase d'acclimatation. Mais leur projet de nouvelle voie bat de l'aile. Allan ne le sent pas. Il a mal à la tête et décide de redescendre. Le Tchèque Stanislav Vrba et le Polonais Kacper Tekieli, qui font partie de leur expédition, suivent avec quelques heures de retard et lorsqu'ils les rejoignent, Tekieli choisit de redescendre lui aussi.

À 22 heures, Rick Allen et Stanislav Vrba se mettent en route vers le sommet mais très vite le Tchèque fait demi-tour et laisse son compagnon continuer seul. Dans la nuit du 8 au 9 juillet, Allen s'offre alors une belle chevauchée solitaire sur la face ouest *via* la voie normale du Broad Peak et à l'aube, il atteint le pied de l'arête sommitale. Le temps est nuageux mais il continue vers le sommet qu'il atteint sans encombre en début d'après-midi. Et à 18 heures, il est de retour au pied de l'arête. Jusqu'ici tout va bien. Mais voilà bientôt 24 heures qu'il a quitté ses camarades et ses pas hésitent désormais entre la voie du camp 3 et celle qui conduit vers le bout du rouleau, situé à peu près à la même distance.

Malgré la fatigue et la nuit qui arrive, l'Écossais poursuit sa descente. Pour plus de sécurité, il descend face à la paroi, le nez sur la glace. L'exercice est périlleux et au bout d'une centaine de mètres, les mollets commencent à flageoler. Et ce qui devait arriver arriva... il perd l'adhérence des deux pieds et dégringole le long de la face. La chute est courte mais violente. Sa tête heurte la paroi et il perd connaissance.

Lorsqu'il revient à lui, il est assis sur une petite vire et se rend compte qu'il a chuté de quatre ou cinq mètres, pas plus. Il s'est un peu égratigné le nez mais n'a rien de cassé. Il fait désormais nuit noire et il entreprend de chercher sa frontale dans son sac à dos pour poursuivre sa descente : « *Je crois que c'était une erreur, j'aurais dû attendre l'aube.* » Et, encore une fois, ce qui devait arriver arriva... En manque de lucidité et de visibilité, il se décale de la voie et se perd... Pendant ce temps-là, au camp 3, l'inquiétude monte. L'Écossais, qui aurait dû être de retour depuis longtemps, a disparu des écrans radar... Vrba tente de partir à sa recherche mais revient bredouille et informe le camp de base de la disparition de son compagnon.

À quelques kilomètres de là, le Polonais Andrzej Bargiel se prépare à entrer dans l'histoire en devenant le premier à descendre intégralement le K2 à ski. Il est encore au camp de base avec son équipe lorsque la nouvelle qu'un grimpeur a disparu au Broad Peak y parvient. Bartek Bargiel, dont la mission initiale était de filmer la descente de son frère au K2, envoie immédiatement son drone explorer la face ouest du Broad Peak à la recherche du naufragé dont on est déjà en train de préparer les obsèques.

Mais Rick Allen bouge encore. Échoué au milieu de nulle part, il vient de perdre sa frontale qu'il avait, tel le débutant, enfilée sur la capuche de sa veste en duvet. Les mauvaises décisions s'enchaînent et en plus de son matériel, il est en train de perdre pied. Le dur à cuire est cramé… Il raconte dans un français presque aussi parfait que son flegme : « *Je suis tombé plusieurs fois en sommeil sur mes pieds* (sic) *et je perdais très souvent le sens d'être en montagne. À un moment, j'ai eu l'impression de me trouver dans un endroit très confortable et quelqu'un m'a dit* : *"Ça va, relax, tout va bien, enlève ton sac." Alors j'ai enlevé mon sac… et j'ai perdu mon sac.* » Le somnambulisme, activité à risque dans une chambre à coucher, peut s'avérer mortel en montagne… À chaque fois qu'il pose sa tête sur la glace pour récupérer de ses efforts, il replonge : « *Un peu plus tard, une autre personne m'a dit : "Ne t'inquiète pas, un 4x4 va venir te chercher". C'était sûrement en rapport avec les années que j'ai passées en Australie où les gens se déplacent beaucoup en 4x4.* »

Élisabeth Revol qui avait froid et soif, avait rêvé de thé bien chaud. Robert Schauer qui avait une faim de loup, avait rêvé de saucisses et de rôti de porc. Stephen Venables, esseulé au bout du monde, avait rêvé d'un lieu familier et réconfortant. Rick Allen, perdu et un peu inquiet, avait rêvé qu'on le rassurait et qu'on venait le chercher. Les rêves de l'alpiniste harassé ont du sens. Là est peut-être la clé de la différence avec la vraie hallucination qui propose généralement un panel de personnages ou d'animaux formidablement invraisemblables.

Jonglant entre le Broad Peak et ses mondes parallèles, l'Écossais poursuit tant bien que mal sa descente et vers 6 heures du matin, il est presque rendu en bas de la face où, miracle, il retrouve son sac et sa frontale. Mais pas son chemin. De là où il a atterri, impossible de rejoindre le camp 3. Il passe donc la journée du 10 juillet à remonter une bonne partie de la face qu'il a descendue dans la nuit.

Vers 14 heures, nouveau miracle, un objet volant parfaitement identifié pointe le bout de son nez derrière son épaule. C'est le drone des frères Bargiel. « *J'ai parlé au drone. Je me demandais s'il était équipé d'un micro.* » Le drone ne répond pas mais prend des photos qui prouvent que le naufragé est encore en vie. Ce qui devait arriver n'arriva finalement pas et au camp de base, on annule les démarches auprès des pompes funèbres tout en organisant le sauvetage inespéré. La journée est trop avancée pour envoyer un hélicoptère mais Sandy Allan apprend que Dan Mazur, un guide américain très expérimenté, est actuellement en route vers le camp 3 avec son équipe de sherpas.

Contactés par radio et mis au courant de la situation, Mazur et l'un des sherpas pressent le pas pour arriver avant la nuit vers l'endroit indiqué par le drone. À leur arrivée sur la zone, leurs cris obtiennent une réponse. Allen, qui les a vus, est en train de traverser la face pour les rejoindre. La jonction s'effectue et le 10 juillet vers 22 heures, l'Écossais, qui s'en sortira avec une minuscule gelure au pied gauche, peut s'effondrer dans sa tente pour commencer à rembourser sa dette d'un sommeil profond et sans rêve.

« *Le plus difficile pour moi, ça a été la perte du sens de la réalité, à cause du manque de sommeil, de la déshydratation... J'ai eu beaucoup de mal à me raccrocher à la réalité. Très fréquemment, je m'endormais et je me retrouvais dans un monde totalement différent. C'est tout le danger des ascensions en solitaire. Quand on est au bout, c'est très facile de perdre le sens de la réalité et de passer dans un monde complètement étrange* », explique-t-il après son passage en salle de réveil.

Ceux qui ont du mal à trouver le sommeil en altitude ont parfois tendance à abuser des somnifères, pourtant vivement déconseillés par les médecins qui mettent en garde contre les effets secondaires comme des problèmes de ventilation, de concentration mais aussi des crises de somnambulisme pouvant mettre en danger la vie du grimpeur. L'histoire de Rick Allen au Broad Peak suggère une bonne dose de fatigue comme alternative aux sédatifs. Reinhold Messner, rentré exténué d'un périple à l'Annapurna avec Hans Kammerlander en 1985, confirme : « *L'épuisement agissait comme un opium sur nos corps fatigués.* » Mais il faut là aussi se méfier des effets secondaires : « *J'avais conscience qu'il ne fallait surtout pas s'asseoir pour se reposer. Nous ne nous serions jamais relevés.* » Du rêve au cauchemar, il n'y a qu'un pas. Et à très haute altitude, il est souvent mal assuré.

13

Œdème à la folie

Tant qu'on en est à se méfier des imitations, profitons-en pour nous débarrasser d'un cas qui pourrait porter à confusion. C'est justement elle, la confusion, qui règne ce 14 juillet 1865 sur les pentes du Cervin. Edward Whymper et ce qu'il reste de ses compagnons sont complètement déboussolés… Depuis le début de l'après-midi, leurs émotions jouent au yoyo. À 13 h 40, ils se roulaient dans la joie et l'allégresse au sommet du Cervin, Graal parmi les Graals pour l'éminent sujet de Sa Majesté. Une heure plus tard, ils n'étaient plus que terreur et stupéfaction après avoir vu disparaître quatre de leurs compagnons dans une terrible gamelle qu'ils n'évitèrent que par la providentielle cassure de la corde qui les reliait à leur sinistre destin. À 18 heures, à bout de nerfs, de force et de souffle, Whymper et les Taugwalder père et fils atteignent finalement, au milieu d'un léger brouillard, une arête de neige qui fait office de lieu sûr.

Ils en étaient là, lorsque soudain : « *Un arc immense se dessina dans le ciel, s'élevant à une très grande hauteur au-dessus du Lyskamm. Pâle, incolore, silencieuse, cette mystérieuse apparition présentait des lignes parfaitement nettes et arrêtées, excepté aux extrémités, qui se perdaient dans les nuages : on eût dit une vision d'un autre monde. Frappés d'une terreur superstitieuse, nous suivions avec stupéfaction le développement graduel des deux grandes croix placées de chaque côté de cet arc étrange* », rapporte Whymper dans son livre

Escalade dans les Alpes. Fatigue, stress, émotions intenses... une partie du package est là mais pour qui s'est déjà baladé en montagne dans la brume d'une fin de journée ensoleillée, l'apparition n'a rien à voir avec un quelconque dysfonctionnement du cortex temporo-pariétal qu'il aurait été étonnant d'observer simultanément chez les trois survivants. Il s'agirait d'un simple, mais rare, phénomène optique provoqué par la diffraction de la lumière du soleil sur les gouttelettes d'eau d'un nuage ou du brouillard. Halo ? Couronne ? Spectre de Brocken ? Gloire ? Plus de cent cinquante ans après cette ascension historique, les spécialistes ont toujours du mal à se mettre d'accord sur la véritable identité du phénomène, mais tous admettent qu'il ne s'agissait pas d'une hallucination.

Le cas Whymper est particulier mais il démontre bien que, au Cervin comme ailleurs, l'altitude est souvent le royaume de la confusion. Et comme si la vie là-haut n'était pas suffisamment compliquée, le mal des montagnes et, dans le pire des cas, l'œdème viennent parfois se mêler à la fête. En altitude, les œdèmes sont deux : le pulmonaire et le cérébral. Le premier est mortel mais guère intéressant dans notre cas. Le second, tout aussi mortel, est bien plus prolifique en anecdotes croustillantes. Le principe est simple : sous l'effet de l'altitude, le cerveau gonfle, se comprime dans sa boîte et part en vrille. La médecine d'altitude, balbutiante, peine encore à comprendre le pourquoi du comment mais il se pourrait que sous l'afflux du débit sanguin, quelques barrières cèdent, laissant le liquide s'infiltrer là où il n'a pas sa place. Parmi les effets recensés dans le cas d'un œdème cérébral de haute altitude, l'OCHA pour les intimes, nous trouvons : trouble de l'équilibre, délire, hallucinations, comportement agressif ou encore, euphorie. Tout cela pourrait être amusant si la mort n'en était pas la conséquence directe : « *Sans apport d'oxygène ou sans redescente, la pression à l'intérieur de la tête finit par détruire le système nerveux, provoquant un coma puis la mort* », dit l'Américain Peter Hackett, autre grand spécialiste de la médecine d'altitude cité dans *Les Fantômes du Denali*.

Le premier himalayiste à tester le produit est l'Autrichien Heinrich Pfannl. C'était en 1902, lors de la première expédition au K2. Oscar Eckenstein et les hommes qui l'accompagnent font beaucoup de découvertes pendant ces quelques semaines passées dans le Karakoram où le climat s'avère inhumain, le K2 monumental et la haute altitude particulièrement inhospitalière. Dans les tentes humides et secouées en permanence par un vent glacial, la cohabitation est difficile entre les membres de l'équipe, tour à tour migraineux, nauséeux et accablés par différentes contrariétés liées à la vie dans ces contrées hostiles. Eckenstein, chef de l'expédition, a emmené George Knowles, un jeune étudiant anglais et surtout Aleister Crowley, poète oculiste, sataniste, aussi timbré qu'acariâtre qui deviendra plus tard « *The Great Best 666* » et un objet de fascination pour les stars du rock des *seventies*. Jules Jacot-Guillarmod, un médecin suisse, est là aussi, tout comme les Autrichiens Viktor Wessely et donc Heinrich Pfannl. Ces deux derniers sont les plus expérimentés de la bande en matière d'alpinisme et ont l'habitude de grimper ensemble chez eux, en Autriche. Pfannl, juge à Vienne dans la vie de tous les jours, est l'un des meilleurs grimpeurs de l'époque. On lui doit notamment la première de l'arête nord de la Dent du Géant en compagnie de Franz Zimmer et Thomas Maischberger en 1900.

Mais au K2, Pfannl n'est pas au mieux. Il est accablé par le mauvais temps, l'altitude et les tensions entre les alpinistes dont les intuitions divergent. Les Autrichiens ont compris que le sommet du K2 est un rêve impossible, ils veulent se rabattre sur un objectif plus modeste. Les autres s'obstinent. Le 12 juillet, une fenêtre météo autorise enfin une sortie mais Pfannl souffre de mille maux. Son acclimatation est difficile dirait-on aujourd'hui, mais à l'époque on ne sait rien du processus. Ce sont finalement Wessely et Jacot-Guillarmod qui s'aventurent quelque part dans la face est où ils poussent jusqu'à 6 700 mètres avant de redescendre. Quelques jours plus tard, Pfannl se fait violence et se décide à accompagner Wessely pour une nouvelle tentative. C'est là qu'il devient le premier cas d'étude de la médecine d'altitude.

Là, au dernier camp d'altitude, sous les yeux fatigués des porteurs, Pfannl, roulé en boule dans la tente, gémit et ahane pendant qu'une inquiétante mousse rose sort de sa bouche. Wessely envoie les coolies prévenir le docteur qui monte aussitôt avec quelques hommes. Le 16 juillet, Jacot-Guillarmot arrive au chevet du mourant, constate une infiltration à la base du poumon droit et pose un diagnostic historique : œdème pulmonaire. Le malade est redescendu vers une altitude plus clémente où le docteur le gave de morphine. Les poumons vont mieux mais c'est bientôt la tête qui flanche. Le voilà qui sombre dans une sorte de délire paranoïaque. Jacot-Guillarmod note dans son carnet : « *Il a une espèce de dédoublement de la personnalité, triplé, chose assez rare que je remarque pour la première fois. La troisième personne est assez passive, mais la seconde lui veut du mal au point qu'il me remet un coutelas qu'il a à portée de la main. Il veut l'envoyer loin, au fond du glacier.* » La morphine le calme et le fait plonger dans un état végétatif qui durera six jours avant qu'on ne se décide à l'évacuer vers des contrées plus accueillantes. Avec la perte d'altitude, Pfannl retrouve vite sa couleur habituelle. Son rétablissement rapide et miraculeux abuse Jacot-Guillarmod qui, cette fois-ci, se trompe de diagnostic. Pour lui, l'Autrichien a joué la comédie.

Au fil du siècle, à force d'expéditions, l'Homme va apprendre, sinon à dompter, du moins à composer avec la haute altitude et ses tracas sous l'impulsion de quelques scientifiques et médecins qui prennent la suite du pionnier Jacot-Guillarmod. L'Anglais Griffith Pugh à l'Everest en 1953 ou l'Américain Charles Houston au K2 la même année sont de ceux qui ont fait faire des bonds à la médecine d'altitude. On sait aujourd'hui que Pfannl n'avait rien d'un comédien et qu'un délire paranoïaque à 6 000 mètres est le signe d'un mal désormais bien connu. Le professeur Richalet confirme : « *Pfannl a été tout près de basculer. Le délire était le signe d'un début d'œdème cérébral. Et la morphine, un dépresseur respiratoire, est tout à fait contre-indiquée en cas d'œdème pulmonaire.* » Heinrich Pfannl a eu la chance que beaucoup n'ont pas eue.

Quand un alpiniste défaille en montagne, le médecin n'est pas toujours là pour poser le diagnostic et il est parfois difficile de savoir quelle est la nature exacte du mal. Poumon ou cerveau, on ne sait pas toujours dans quel organe le liquide s'est infiltré mais le résultat est souvent le même. Pour retrouver la trace du premier himalayiste à avoir succombé à un œdème, il faut regarder du côté de l'expédition allemande au Nanga Parbat en 1937. Le docteur est là lorsque Alfred Drexel s'effondre : « *Pneumonie puis hémorragie pulmonaire* », dit-il. Le dossier est aujourd'hui reclassé dans la colonne des œdèmes pulmonaires. Idem pour Mario Puchoz lors de l'expédition italienne au K2 en 1954. Fritz Luchsinger, pionnier du Lhotse, Marcel Ruedi, concurrent de Messner lors de la course aux quatorze 8 000, Andrzej Czok, *ice warrior* polonais, Scott Fischer lors de la tragédie de 1996 à l'Everest, Iñaki Ochoa à l'Annapurna en 2008 ou plus récemment Tomek Mackiewicz au Nanga Parbat sont les victimes les plus célèbres de l'œdème de haute altitude. C'est du moins ce que disent les comptes rendus qui manquent souvent d'une vraie expertise médicale.

Une recherche du terme « *cerebral edema* » dans les innombrables récits d'ascensions disponibles dans l'*Himalayan Database* (qui ne concerne que les sommets népalais) donne 138 résultats

(171 pour « *pulmonary edema* »). Le détail fait la plupart du temps état d'alpinistes incapables de mettre un pied devant l'autre, ayant du mal à s'exprimer et refusant d'enfiler le masque à oxygène ou les médicaments qu'on leur tend. Ils sont aussi nombreux à ne plus trop savoir se situer sur la montagne. Au printemps 2010, à l'Annapurna, le Russe Evgeni Vinogradski était persuadé d'être allé au sommet alors que tous ses équipiers l'avaient vu faire demi-tour bien avant. C'est le Roumain Horia Colibasanu qui diagnostiqua l'œdème cérébral lorsqu'il le retrouva, un peu plus tard, allongé devant sa tente, expliquant qu'elle était pleine de gens alors qu'elle était vide… Une petite goulée d'oxygène artificiel lui remettra finalement les idées en place. On se souvient aussi des mésaventures de Carlos Carsolio au Makalu en 1988 et l'on s'interroge toujours sur le cas de Benoît Chamoux, mystérieusement disparu au Kangchenjunga en 1995 après un enchaînement de décisions de moins en moins cohérentes. À la lutte avec Erhard Loretan pour la troisième place sur le podium de la course aux quatorze 8 000, le Français était arrivé fatigué et sous pression au camp de base. La fameuse fragilité affective souvent observée par Samuel Vergès aurait-elle favorisé le développement d'un œdème cérébral ?

Mais l'œdème, si souvent incriminé, est-il vraiment responsable de tous les maux ? En 2017, une équipe de chercheurs autrichiens et italiens a publié une étude affirmant qu'une bonne partie des histoires d'hallucinations en haute montagne sont liées à des troubles psychotiques plutôt qu'organiques. Pour arriver à cette conclusion, les chercheurs ont épluché la littérature alpine allemande pour en tirer quatre-vingt-trois récits faisant état d'épisodes hallucinatoires et ont posé des diagnostics *a posteriori*, comme l'a fait le professeur Richalet pour Heinrich Pfannl au K2. Sur les quatre-vingt-trois cas, seuls douze seraient la conséquence directe d'un œdème cérébral, confirmant ce dont on se doutait :

il est possible de tituber, de tenir des propos incohérents et de se prendre pour un oiseau sans forcément être victime du mal ultime. Et il est aussi facile de confondre un état léthargique avec un véritable coma. De cette étude, les chercheurs proposent de tirer une nouvelle condition médicale : « La psychose isolée de haute altitude. »

L'histoire troublante et extraordinaire qui prend place sur l'arête nord de l'Everest au printemps 2006 ne fait que renforcer la confusion ambiante. En redescendant du sommet qu'il vient d'atteindre, sous oxygène, au sein d'une expédition commerciale (le quidam aussi a parfois accès à la réalité étendue), l'Australien Lincoln Hall perd soudainement les pédales. Il se met à tituber tout en tenant des propos incohérents. Nous sommes au XXIe siècle, le diagnostic est rapide. Les sherpas qui l'accompagnent comprennent tout de suite qu'ils vont vivre un long chemin de croix. En sept heures, ils ne réussiront à descendre que de 200 mètres. Quand il n'est pas assis dans la neige à délirer (« *Il y a trois filles noires là-haut, je veux y aller !* »), Hall n'a qu'une idée en tête : se jeter dans le vide de la face Kangshung pour prouver qu'il peut voler. Quant au masque à oxygène, ce n'est même pas la peine de lui en parler... Vers 19 heures, les sherpas ont réussi à le traîner jusqu'à 8 550 mètres d'altitude où il finit par s'effondrer, sans connaissance. Depuis le camp de base avancé, le chef de l'expédition leur intime l'ordre de le laisser là et de sauver leurs peaux. La journée est bien avancée, personne ne pourra venir le secourir avant la nuit. En Australie, sa femme est informée de sa mort.

Le lendemain à l'aube, la vie des expéditions commerciales reprend son cours sur l'Everest et de nouvelles cordées se mettent en route vers le sommet. Celle guidée par l'Américain Dan Mazur (encore lui) est la plus matinale. L'ascension jusqu'ici sans histoire vire subitement au baroque lorsque, peu après le franchissement du premier ressaut, les alpinistes tombent nez à nez avec un fou qui semble tombé d'un arbre imaginaire. La conversation s'engage :

– J'imagine que vous êtes surpris de me trouver ici.

– En effet.

– Pouvez-vous me dire comment je suis arrivé là ? Vous êtes sur le bateau vous aussi, les gars ?

Combinaison baissée jusqu'à la taille, pas de gants, tête nue, le fou est tranquillement assis sur une corniche qui surplombe dangereusement l'abîme de la face Kangshung. Il n'a pas de sac, pas de piolet, pas de bouteille d'oxygène... il n'a rien d'autre que l'air hagard de celui qui vient d'être soufflé par une explosion. Passé la surprise, le guide entreprend de le sécuriser en l'accrochant à sa corde, en le rhabillant et en lui donnant de l'eau et de l'oxygène. « *Il était comme un enfant de trois ans* », dira Mazur après coup. Par radio, l'Américain prévient ensuite le camp de base qu'ils viennent de rencontrer un type à moitié gelé qui dit s'appeler Lincoln Hall. En Australie, sa femme est informée de sa résurrection.

Trente-six heures après son passage sur le Toit du monde, grâce à Dan Mazur et ses clients qui renonceront au sommet pour rester avec lui et à une armée de sherpas qui l'aideront ensuite à redescendre, Lincoln Hall est de retour au camp de base avancé, les extrémités bonnes pour le scalpel mais bien vivant.

Quelques années plus tard, l'Australien a publié un livre (*Dead Lucky : Life After Death on Mount Everest* - TarcherPerigee, 2009) dans lequel il raconte la nuit étrange qu'il a passée, seul sur les pentes sommitales de l'Everest, ce 25 mai 2006. Malgré son état, il a gardé un souvenir très vif de ce qui ressemble fort à une expérience de mort imminente. Ses hallucinations débutent avant la nuit, lors de la descente en rappel du second ressaut durant laquelle il entend la voix d'un bon ami à lui qui l'invective et tente de le faire revenir à lui. Pendant un instant, il se croit même en train de descendre une falaise avec lui en Australie. Il terminera son rappel les crampons plantés dans le mollet du pauvre Pempa Sherpa qui l'attendait au bas du ressaut. La chute et le *shoot* d'adrénaline associé lui offrent une sortie hors du corps : « *Je planais dans les airs, une dizaine de mètres au-dessus du ressaut, me regardant comme un spectateur sans passion. Il n'y avait pas de peur, pas besoin de faire quoi que ce soit.* »

La suite des événements n'est pour lui qu'un long moment de confusion. Lorsque les sherpas le quittent, il n'est plus capable de faire la différence entre la réalité de la montagne et les créations de son esprit. La production onirique est à la hauteur de la situation. Il entend une voix lui dire qu'il devrait aller se mettre à l'abri un peu plus loin avec trois femmes qui l'attendent. Il les entend effectivement discuter et rire, puis c'est le silence. Allongé dans la neige, il tombe alors en extase devant le panorama que lui offre le soleil couchant puis il est rattrapé par le froid. Sa vision suivante est celle d'un homme barbu qui se pose devant lui et le regarde sans dire un mot. Il se sent aussi très attiré par un amas rocheux dans lequel il est persuadé de voir une porte derrière laquelle des gens rient autour d'un feu de camp. Un peu plus tard dans la nuit, il voit un attroupement de gens qui discutent. Il lui semble en reconnaître certains mais dès qu'il se concentre sur un visage, sa mémoire s'évanouit. Sa sœur Julia est là pourtant. Il en est sûr. Il lui vient aussi l'idée de faire un feu avec le bois qu'il pourrait trouver dans ces montagnes. Mais il renonce rapidement. Le temps ne passe plus, il erre…

Il se réveille soudain en sursaut et, dans un moment de lucidité, comprend la gravité de sa situation. Ça l'effraie. Il pense à sa femme, à ses enfants. Il décide de s'asseoir les jambes croisées et de se concentrer pour garder la chaleur de son corps. Il entame aussi une série de mouvements pour se réchauffer… puis replonge et se retrouve assis sur une colline quelque part en Pologne, avec une couverture sur le dos. Il sait que la couverture ne lui appartient pas et qu'il doit la rendre. Il se dirige alors vers une maison toute proche, et pose sa couverture sur l'un des piquets en bois planté devant la maison, comme si la couverture était la mort et qu'il la refusait. Puis il se retourne, embrasse le paysage fait de collines herbeuses et commence à marcher « *ne sachant pas ce que l'avenir apporterait mais impatient d'être enfin en route* ». En arrivant au sommet d'une colline, il est accueilli par un vent violent et froid. Devant lui, un flanc de montagne glacé. Derrière, le précipice. Au loin, l'aube qui se lève sur l'Everest. Enfin.

L'histoire miraculeuse de Lincoln Hall a fasciné les foules. Articles de presse, interviews, conférences, films... tous incriminent l'œdème cérébral. Les manuels de survie en haute altitude sont pourtant catégoriques : dans le cas d'un œdème cérébral, c'est la perte d'altitude immédiate ou la mort. Et si, plus qu'à un miracle, Lincoln Hall devait sa survie à une simple erreur de diagnostic ? « *Un véritable œdème cérébral ne s'améliore jamais tout seul et il n'y a aucune preuve d'œdème pour ce cas précis* », dit le professeur Richalet. L'Australien était-il vraiment dans le coma ou s'était-il simplement enfoncé dans une profonde léthargie ? L'œdème cérébral n'a pas le monopole de l'accident neurologique à haute altitude et il existe d'autres affections dont l'issue est potentiellement moins radicale.

Pour l'alpiniste qui se met à délirer sur les pentes sommitales de l'Everest, l'issue ne sera donc pas fatale à tous les coups mais pour Katharina Hüfner, membre de l'équipe scientifique à qui l'on doit la psychose isolée de haute altitude, « *il y a probablement un grand nombre d'accidents et de décès non déclarés causés par des psychoses. Bien que des accidents dus à des dangers objectifs tels que des avalanches ou des effondrements de sérac n'aient pas été enregistrés dans l'étude, dans certains cas, leur inclusion aurait pu être justifiée en raison d'un mauvais choix d'itinéraire ou d'une ascension dans des conditions inappropriées en raison d'erreurs de jugement induites par la psychose* ». Et les chercheurs de conclure : « *Afin de réduire le nombre de ces accidents, il est de la plus haute importance de diffuser des stratégies d'adaptation cognitive que les alpinistes peuvent appliquer directement lorsqu'ils sont en montagne.* » La camisole en Gore-Tex peut sauver des vies au-dessus de 8 000 mètres. C'est important de le savoir.

14

L'ultra-trail, la grande illusion

Pour ceux qui s'altéreraient volontiers la conscience mais qui manquent de cran pour aller ramper aux confins de la troposphère, des solutions existent mais, comme le cerveau humain, elles ont leurs limites : le LSD a fait ses preuves mais le côté hors-la-loi peut rebuter ; la schizophrénie est une affaire de spécialistes ; la méditation manque de panache. Reste l'ultra-trail. Ouvert à tous, branché, peu onéreux, pas franchement risqué, l'ultra-trail est incontestablement un bon simulateur de vol vers le cosmos des himalayistes solitaires. Ça fonctionne presque à tous les coups, à la condition *sine qua non* d'être assez lent pour gagner un deuxième tour d'horloge et une autre nuit sans sommeil. Presse, web, littérature, radio, télé... les témoignages pullulent chez l'amateur anonyme qui court jusqu'à s'en faire fondre les synapses.

Le grand classique de l'ultra-traileur fatigué, c'est de ne plus distinguer le spectateur de l'arbuste ou l'animal du caillou : « *Un finisher d'ultra serait imbattable au jeu des formes des nuages dans le ciel* », résume joliment Nono, au milieu d'un florilège de témoignages sur un forum dédié à la course à pied...

Leptitmichel : « *J'ai couru pendant plusieurs minutes avec un énorme panneau publicitaire Coca Cola devant moi.* »

RayaRun : « *J'affirme que beaucoup de sentiers sont couverts de briquets Zippo !* »

Heidi : « *Je me souviens d'avoir vécu des montées vaseuses pleines de petits personnages au bord du chemin. Des nains, des gnomes, des petites sorcières en train de tricoter.* »

Mustang : « *Je n'arrivais plus à distinguer le haut du bas !* »

Sabzina : « *J'ai presque parlé à des vaches, elles avaient toutes des frontales.* »

Jpoggio : « *J'ai vu une affiche électorale d'Obama sur un rocher.* »

Renard Luxo : « *En rentrant au gîte, j'étais persuadé de voir une fillette sous la terrasse, et personne ne me croyait ! À juste titre car en me rapprochant, ce n'était que de la végétation. En me rendant ensuite aux w.-c., je me vois, à 12 ans, habillé en communiant dans le fond de la cuvette.* »

Guigou : « *C'est sympa, les gamins du village ont dessiné des smileys sur tous les cailloux du chemin (et il y en a beaucoup, ils ont du mérite !!!). J'en discute avec ce type qui me suit depuis au moins une heure. Un type ? Quel type ? Il n'y a personne ! Des smileys ? Pas de smileys non plus, mais il me faut me coller devant un rocher avec ma frontale pour m'en persuader !* »

Sapi74 : « *Dès la tombée de la deuxième nuit, ça a commencé par un buste de femme nue sur le côté du sentier, puis une personne en tenue d'apiculteur.* »

Guigue : « *Sur la Diagonale des fous 2010, un copain se mettait à parler aux oiseaux, qui lui répondaient. Et un autre, à l'arrivée après 57 heures d'effort, était persuadé qu'il avait gagné !* »

Zarbizou : « *Les balises dansaient la gigue devant moi !* »

Spheniscus : « *J'ai aussi vu des tatouages animés sur les mollets des traileurs qui me précédaient.* »

Bubulle : « *Le chemin s'est soudain curieusement couvert de bouches d'égout que je contournais.* »

Eha : « *Et puis j'ai regardé devant moi les petits cailloux que je franchissais et ils avaient tous des têtes de clowns, requins, personnes genre personnage de Munch.* »

TomTrailRunner : « *Et, pour moi, ledit chemin s'est soudain curieusement couvert de timbres et de flocons de neige géants...* »

Ici, on voit des Télétubbies sur le sentier, là, une Twingo dans un sapin ou un poulpe au sommet d'un col... la liste est aussi longue que le dernier kilomètre de dénivelé... Tout cela est amusant mais malheureusement plus proche de l'illusion visuelle que de la vraie hallucination. Philtraverses, l'un des participants à la discussion, a tout compris : « *Une affiche électorale d'Obama sur un rocher au col de Vallonpierre n'est qu'une déformation des dessins naturels figurant réellement sur le rocher, tandis que l'arrivée d'une voiture 4X4 radio hurlant à fond des tubes de Nirvana dans le cirque de Mafate, lors de la Diagonale des fous, est une véritable hallucination.* »

Pour la plupart des concurrents, le phénomène s'arrête à l'illusion visuelle dont la dette de sommeil est évidemment la première responsable. Ceux qui ont oublié le quart d'heure de sieste recommandé au ravitaillement s'assoupissent parfois en courant et s'égarent alors dans quelque rêve biscornu le temps d'un hectomètre qui passe tout seul. On rêve d'attaques de crotales, de hérisson géant, d'un amant qui surgit... on bute sur des pierres, on trébuche, on tombe... « *Jojo, derrière moi, pose sa tête sur mon dos, je crois qu'il cherche à déconner pour me faire avancer plus vite. Je me retourne et là je m'aperçois qu'il dort ou au moins qu'il est entre le sommeil et le rêve* », raconte l'un. On se donne des claques pour se réveiller, on crie ou encore plus efficace : « *Appuyer volontairement ma foulée sur l'extérieur de mes pieds, là où des ampoules naissantes me procurent une décharge de douleur.* » (Un fou de la Diagonale)

Quelques privilégiés entendent des voix, des sirènes de bateau, perdent la notion du temps, de l'espace... le troisième homme peut même pointer le bout de son nez à l'occasion. Comme Voytek Kurtyka avait cru reconnaître la musique de Barbra Streisand dans le frottement sa corde au bas du Gasherbrum IV, un traileur raconte qu'il avait l'impression d'entendre un cheval galoper derrière lui avant de se rendre compte qu'il s'agissait de ses propres pulsations cardiaques.

L'hallucination sur sentier balisé anime les discussions de coin de poêle comme les forums Internet. On en parle sans détour, on les compare, les dissèque, les enjolive peut-être un peu sous l'effet du houblon. C'est humain. Elles sont la récompense des heures d'entraînement et du dépassement de soi. Celles qui surgissent sur les sommets himalayens sont plus complexes. Elles résultent bien souvent d'un inextricable face-à-face prémédité avec la mort. De retour en bas, l'alpiniste qui a vu des choses ne les raconte pas comme ça, au premier venu. Sandy Allan n'a rien dit à celui qui partageait sa corde au Nanga Parbat. La peur de passer pour un fou ou un affabulateur, peut-être… celle de dévoiler les tréfonds de son âme, sûrement.

« Ultra-trail, c'est de l'anglais et ça veut dire "agonie" », dit le désopilant Yohann Metay dans son spectacle *La Tragédie du dossard 512*. On rit de la souffrance du traileur mais rit-on de celle de l'himalayiste ? Pas sûr… Crapahuter dans le pentu sur 170 kilomètres sans dormir pendant deux nuits met certes le cerveau à rude épreuve mais même au plus fort de sa détresse, le coureur de colline a toujours le ravitaillement dans le viseur et, au pire, la voiture-balai dans le dos. Les témoignages sont nombreux parce que les participants sont nombreux, certes, mais aussi parce qu'il est plus facile de tirer sur la corde à portée d'ambulance qu'à des années-lumière du village le plus proche. Adam Bielecki pratique les deux et il confirme : « *En courant, je conduis mon corps vers l'épuisement extrême, comme en haute montagne mais avec cette différence fondamentale : en trail, je peux dire à tout moment : "J'en ai marre, j'arrête !"* […] *En montagne, ce n'est pas possible.* […] *Cette acceptation du risque rend l'épreuve plus profonde que celle d'un ultra-trail. Et l'on atteint plus facilement des états mystiques.* » Sur l'UTMB, l'abandon n'est qu'une petite mort dont on se remet vite. « *Il faut être parfaitement entraîné pour ne pas mourir* », dit Carlos Carsolio à ceux qui veulent tenter l'agonie à 8 000 mètres.

L'ultra-traileur peut jeter un œil par le trou de la serrure mais il restera toujours à la porte du monde étrange et fantastique de l'himalayiste engagé. La faute à quelques ingrédients en moins : la solitude, l'éloignement, le froid, la faim, la soif, le stress, l'hypoxie, le danger et le silence de la mort qui rôde... Un tout qu'on appellerait « le là-haut ». Alors oui, l'ultra-traileur est lui aussi parfois au bout du rouleau, mais le rouleau n'est pas le même.

MAKING OF

« *Projet intéressant... et complexe !* » avait prévenu le professeur Richalet dès les premiers échanges sur le sujet. Hallucinations visuelles ou auditives, œdèmes, psychose, autoscopie, troisième homme, rêves hypnagogiques, onirisme, somnambulisme, léthargie, coma, illusions visuelles ou somesthésiques, décorporation, MAM, OCHA, EMI... L'hallucinologie est pluridisciplinaire. Elle convoque médecins de l'altitude, neurologues, physiologistes mais aussi addictologues, spécialistes du sommeil, psychologues et psychiatres. Mais même avec l'aide de l'ensemble du corps médical, faire entrer un récit dans la case qui lui correspond, c'est la quadrature du cercle. La science est carrée, l'alpinisme est une spirale infernale et polymorphe.

« Il faut donner priorité à la science », dit le préambule qui, plus loin, lance un péremptoire : « La science explique tout. » « *La science ne peut pas expliquer ce que j'ai vécu sur les montagnes* », répond Carlos Carsolio. Après quelques mois de recherches, lectures, interviews, échanges et réflexions sur le sujet, il faut bien avouer que les convictions cartésiennes vacillent et que le mystère a finalement son charme.

Les lois nouvelles qui surviennent là-haut sont-elles un aperçu de l'au-delà ou un mécanisme de défense mis en place par le corps humain ? Quel est donc ce brouhaha qui s'insinue dans les oreilles des alpinistes fatigués ? Qui est le troisième homme ? Pourquoi tant de rêves ? Tout cela a-t-il un sens ? Pourquoi se mettre dans un état pareil ? Sur cette dernière question, certains hallucinés célèbres ont peut-être la réponse. Arthur Rimbaud ne trouvait-il pas dans le haschich et l'absinthe matière à déchaîner son génie ? Après tout l'alpinisme est un art.

« L'art de la souffrance », disait même Andrzej Zawada, historique chef de file de l'alpinisme polonais, à propos de l'himalayisme hivernal. Ou *L'Art de la liberté* (Guérin, 2018) selon Bernadette McDonald, biographe de Voytek Kurtyka, le Rimbaud des cimes. C'est dans ce livre indispensable que l'on trouve le récit du voyage étrange et pénétrant de la cordée Kurtyka-Schauer-troisième homme au Gasherbrum IV. Les citations qui n'en sont pas issues le sont du compte rendu publié par Kurtyka lui-même dans *l'American Alpine Journal* en 1986 : « The Shining Wall of Gasherbrum IV [1] »

C'est un passage d'un autre livre de Bernadette McDonald qui dirige l'enquête vers la piste Carsolio : « *De nombreux himalayistes ont eu des hallucinations similaires, dont Carlos Carsolio qui les entretenait* », écrit-elle dans *Libres comme l'air* (Nevicata, 2014), ode à l'alpinisme polonais. Diantre ! Un e-mail vite ! La réponse en provenance du Mexique ne tarde pas : « *I think your project is very important.* » Bigre ! La discussion s'installe. Je cherche à l'amener vers le récit, j'ai droit à de longues réponses pleines de mystère. J'insiste, je veux qu'il m'en dise plus sur ce phénomène lumineux qu'il a vu au K2. Et au Makalu ? Qu'a-t-il vu au Makalu ? Je le perds en route et comprendrai plus tard que l'important n'est pas ce qu'il a vu mais ce qu'il a vécu. Pour le récit, je devrai me contenter de piocher dans le compte rendu de son ascension au Broad Peak écrit pour le compte de l'*American Alpine Journal* en 1995 : « On the Brink on Broad Peak [2] »

Le cas Carsolio mène naturellement vers *Explorers of the Infinite* (Jeremy P. Tarcher/Penguin, 2008) de Maria Coffey qui s'est intéressée à la dimension mystique des expériences extrêmes.

---

[1] http://publications.americanalpineclub.org/articles/12198600100/The-Shining-Wall-of-Gasherbrum-IV

[2] http://publications.americanalpineclub.org/articles/12199507300/On-the-Brink-on-Broad-Peak

J'ai beaucoup souffert à la lecture de ce livre pour plusieurs raisons : un angle d'approche résolument spirituel voire ésotérique ; le fait qu'il ne soit pas traduit en français ; l'improbable odeur de rat mort émanant de mon exemplaire, extrait, grâce à la magie d'Internet, d'un carton moisissant probablement au fond d'une cave lugubre. C'est grâce à un courage exemplaire et une volonté de fer que j'ai réussi à en tirer quelques citations de l'alpiniste mexicain afin de compléter nos échanges.

Si les scientifiques peinent à se faire une idée objective des phénomènes ramenés de là-haut, c'est aussi parce que chacun les raconte à sa manière. Peut-on en vouloir à Jean Troillet, Stephen Venables, Carlos Carsolio, Doug Scott, Adam Bielecki, Sandy Allan, Rick Allen ou Élisabeth Revol d'avoir des personnalités si différentes ?

Jean Troillet m'a raconté son aventure surréaliste à l'Everest comme s'il me parlait du match du Servette de Genève de la veille : « *Non vraiment c'était sympa là-haut* ! » J'ai complété notre conversation réjouissante par la lecture d'*Une vie suspendue* (Guérin, 2013), la biographie d'Erhard Loretan signée Charlie Buffet, dans laquelle on retrouve notamment les mots mythiques contenus dans ce fameux dictaphone. Quant à « *la femme noire en bikini* » que Pierre Morand a vu au K2, c'est Jean-Michel Asselin qui l'évoque dans sa biographie d'Éric Escoffier, *Un grand combat* (Guérin, 2015).

J'ai eu beau tirer très fort sur les vers du nez de Stephen Venables, j'ai dû me contenter de réponses cliniques ponctuées d'un : « *Tout est dans mon livre !* » J'ai donc lu *Everest, Alone at the Summit* (Odyssey books, 1996) et y ai effectivement trouvé un récit haletant et très complet qu'il est intéressant de juxtaposer à celui fait par Ed Webster dans *Snow in the Kingdom* (Mountain Imagery, 2000), ne serait-ce que pour la description de l'état de Venables après son bivouac halluciné à 8 500 mètres.

En bon joueur de rugby, Doug Scott m'a d'abord lui aussi renvoyé dans mes 22 : « *J'ai déjà tout raconté dans mes livres.* » J'ai pris peur en voyant arriver les 400 pages de la version originale de *Up and About, the Hard Road to Everest* (Vertebrate Publishing, 2015) mais j'y ai là aussi trouvé un récit minutieux de la conversation d'homme à orteils dans la grotte de glace à 8 750 mètres, ainsi qu'une description détaillée de ce que ressent un alpiniste fatigué qui se met à planer au-dessus de lui-même. Le *fair-play* anglais étant ce qu'il est, Doug m'a ensuite offert personnellement quelques détails supplémentaires sur ces heures d'anthologie. Les non-anglophones devront se contenter du récit de cette expédition par Sir Chris Bonington dans *Everest, ultime défi* (Flammarion, 1977) mais remercieront les éditions du Mont-Blanc d'avoir publié en français *La Première Ascension de l'Ogre* (2018), traduit par le vénérable Éric Vola qui m'a également aidé à pousser en mêlée pour obtenir le témoignage de Doug.

Sur le troisième homme, l'ouvrage de référence est évidemment *L'Ami invisible* de John Geiger (Jean-Claude Lattès, 2012). Outre quelques tentatives d'explications scientifiques, on y trouve de nombreux témoignages d'alpinistes qu'il est aussi possible d'aller chercher dans les récits originaux, à commencer par l'indispensable *L'Odyssée de l'endurance* d'Ernest Shackleton (Phébus, 1988), gigantesque classique de la littérature d'aventure. Pour l'histoire du cake à la menthe (et des « saucisses d'observation » !) de Frank Smythe, il faut lire son *Aventure alpine* (Arthaud, 1951) et pour l'expérience de Marcel Ichac à l'Annapurna, il faut se replonger dans un autre grand classique *Annapurna, premier 8 000* de Maurice Herzog (Arthaud, 1951). Hermann Buhl, lui, a raconté son périple à moitié solitaire au Nanga Parbat dans *Du Tyrol au Nanga Parbat* (Hoëbeke, 1997) avant que Reinhold Messner ne raconte les siens dans *La Montagne nue* (Guérin, 2003), *Nanga Parbat en solitaire* (Arthaud, 1980) et *Les Horizons vaincus* (Arthaud, 1983). Quant à Steve House, c'est dans *Beyond the Mountain* (Patagonia books, 2016) qu'il décrit la rencontre de Vince Anderson avec le compagnon fantôme sur le versant Rupal du Nanga Parbat. Dans son *Théorème de la peur* (Guérin, 2007), l'Australien Greg Child consacre au troisième homme un chapitre entier intitulé « L'autre présence ». *La Terre vaine* de T. S. Eliot a connu de nombreuses éditions et traductions. Une version française récente a notamment été publiée aux éditions Points en 2014. C'est de vive voix que Krzysztof Wielicki, croisé au festival de Ladek en 2019, m'a raconté son moment de flottement au Dhaulagiri en 1990, tout comme Erik Decamp et Stéphane Benoist m'ont parlé de leurs impressions bizarres ressenties là-haut.

Concernant les voix justement, nous nous épargnerons ici l'opulente littérature consacrée à la pucelle d'Orléans pour nous concentrer sur celle qui concerne nos chers alpinistes. Adam Bielecki a raconté ses hallucinations auditives au Makalu dans *Le gel ne me fermera pas les yeux* (Guérin, 2019) et pour les polonophones, la scène dans laquelle il filme sa détresse est visible en ligne [3]. Dans son livre, Adam fait référence à *Góry, medycyna, antropologia* (Medycyna Praktyczna, 2015 ; non traduit) écrit par le psychiatre polonais Zdzislaw Jan Ryn qui rassemble lui aussi quelques témoignages d'hallucinés. Pierre Beghin a raconté les siennes dans *Les Cinq Trésors de la grande neige* (Arthaud, 1985) mais on retrouve aussi l'épisode du Kangchenjunga dans la biographie que lui a consacré François Carrel : *Pierre Beghin, l'homme de tête* (Guérin, 2014). Et on en profitera pour relire *La Mort suspendue* (Glénat, 2004), le grand classique de Joe Simpson qui est peut-être celui d'entre tous qui s'est le plus approché du bout du rouleau. Il est évidemment aussi beaucoup

[3] https://www.youtube.com/watch?v=plQzpmf65dc

question de voix dans les livres de Buhl et de Messner cités plus haut. Quant au témoignage d'Éric Monier au Manaslu, je suis allé le déterrer dans les archives de l'*American Alpine Journal* de 1991 [4].

La première sans oxygène de l'Everest ne s'est pas faite comme ça. Reinhold Messner et Peter Habeler ont souffert pour se hisser là-haut à la force des poumons. Peter Habeler a tellement souffert que dans la zone sommitale, son esprit a quitté son corps durant quelques instants pour prendre un peu de distance. Il le raconte dans *Everest. Impossible Victory* (Londres, Sphere Books, 1979) que l'on complétera avec le classique *Everest sans oxygène* (Flammarion, 1979) de Messner. Essayer de comprendre cet étonnant phénomène m'a mené vers les travaux de Pascal Le Maléfan qui, au cours de nos riches échanges, m'a conseillé la lecture de *Mort imminente, genèse d'un phénomène scientifique et culturel* (Metispresses, 2017) de Jelena Martinovic, qui contient la traduction et l'analyse du récit de la chute d'Albert Heim au Säntis. Récit initialement paru en 1892 dans la revue du club alpin suisse sous le titre « Notizen über den Tod durch Absturz », que l'on retrouve également dans *Grenzbereich Todeszone* (Kiepenheuer & Witsch, 1978), livre méconnu (car en allemand et non traduit) de Reinhold Messner qui recense des témoignages d'alpinistes ayant vécu une « vision panoramique » durant une chute. Et pour faire le lien entre les expériences surnaturelles des alpinistes et les expériences de mort imminente réservées au grand public, il n'est pas inintéressant de jeter un œil au *best-seller* de Raymond Moody : *La Vie après la vie* (Robert Laffont, 1977). Enfin, la citation de Jim Reynolds en fin de chapitre est issue d'une interview donnée en 2019 au magazine *National Geographic* [5].

---

[4] http://publications.americanalpineclub.org/articles/12199123802/Asia-Nepal-Manaslu-Solo-Winter-Attempt-1991

[5] https://www.nationalgeographic.com/adventure/2019/03/climber-jim-reynolds-free-solos-fitz-roy/

J'ai parlé *out-of-body experience*, LSD et Snoopy avec Sandy Allan à l'occasion du festival de Ladek en Pologne à l'automne 2019 mais j'ai aussi lu le récit de la folle épopée du Nanga Parbat dans son livre : *L'Arête de l'éternité* (Guérin, 2017). Et puisque, grâce à David Autheman et sa chaîne YouTube *TV Mountain*, la vidéo[6] dans laquelle Sandy évoque son échange avec son ami Voytek Kurtyka à propos des hallucinations est disponible en ligne, pourquoi se priver ? La citation de Hans Kammerlander qui ouvre le chapitre sur « les dingues de la Mazeno » est tirée de son livre *Fou d'altitude* (Guérin, 2001). Celle de François Marsigny l'est d'une interview parue dans le *Nouvel Obs* en 2018[7] et celles Jens Triebel sont issues du film *Nanga Parbat, la montagne tueuse*, sorti en salle en janvier 2020 et réalisé par Gerhard Baur. Dans ce film, il est aussi question de Toni Kinshofer et de sa descente épique dans la plantation de tabac en 1962, dont le récit est à lire en ligne dans les archives de l'*Himalayan Journal* de 1964[8] sous la plume de Karl Maria Herrligkoffer.

Avec Élisabeth Revol, croisée dans le Vercors lors du festival d'Autrans en 2019, j'ai parlé addiction à la montagne, capacités d'adaptation à l'altitude, hallucinations mais surtout de cette fameuse scène de la vieille dame et de la chaussure, finalement classée dans la catégorie des rêves (elle-même pleine de sous-catégories). Et de Tomek Mackiewicz aussi un peu : « *Il était très réceptif au mystique et parlait beaucoup de "Fairy" qui venait souvent se balader dans ses rêves.* » Dans son livre *Vivre* (Arthaud, 2019), Élisabeth revient en détail sur cette histoire tragique

[6] https://www.youtube.com/watch?v=WkB_WK-Tcag&t=3394s

[7] https://www.nouvelobs.com/rue89/nos-vies-intimes/20180522.OBS7037/a-cette-altitude-l-organisme-se-delite-pourquoi-les-alpinistes-de-l-extreme-montent-si-haut.html

[8] https://www.himalayanclub.org/hj/25/14/the-diamir-face-of-nanga-parbat/

du Nanga Parbat à l'hiver 2018. Rick Allen, lui, m'a parlé de ses rêves en montagne et de ses péripéties au Broad Peak qu'il avait déjà évoquées devant la précieuse caméra de David Autheman. J'ai extrait certaines citations de cette vidéo [9] pour compléter ses dires.

Edward Whymper évoque « l'arc immense [qui] se dessina dans le ciel » lors de la célèbre descente du Cervin dans son non moins célèbre *Escalades dans les Alpes* (Hachette, 1873 ; Hoëbeke, 2017), mais c'est Bernard Amy qui m'a ouvert les yeux sur cette affaire. Un jour qu'il passait par hasard sur mon blog et sur un article évoquant le sujet, il me tint à peu près ce langage : « *Mais non pauvre andouille ! C'est pas une hallucination !* » Et de livrer ensuite son expérience personnelle que je me permets de partager ici : « *J'ai pu la vivre plusieurs fois en montagne. Quand on est sur une arête bordée par du brouillard, la lumière du soleil en fin de journée projette notre silhouette sur le brouillard au milieu d'un cercle lumineux dû à la diffraction dans les gouttelettes du brouillard. En général, l'un des membres de la cordée tend un bras pour attirer l'attention des autres, et de l'autre bras leur montre l'apparition. La silhouette se transforme alors en croix. Pour peu que l'on ne comprenne pas ce qui se passe, et qu'un accident vienne de réveiller en nous quelque remords inconscient relié à une culture chrétienne, on croit voir une véritable croix suspendue dans l'espace. Dans certaines circonstances, l'illusion est tout à fait extraordinaire.* »

La citation de Peter Hackett à propos de l'œdème cérébral est issue du livre de Simon McCartney *Les Fantômes du Denali* (Guérin, 2017), qui recèle lui aussi une bonne histoire liée à cette terrible pathologie (à moins que là encore, il ne s'agisse d'autre chose). Pour raconter le calvaire d'Heinrich Pfannl au K2 en

[9] https://www.youtube.com/watch?v=KOi_S6Bxm6s

1902, Charlie Buffet a commencé par exhumer les carnets de Jules Jacot-Guillarmod avant de les étaler au grand jour dans *La Folie du K2* (Guérin, 2004) puis dans *Pionnier du K2* (Slatkine, 2012). Lincoln Hall a donné moult interviews et conférences à son retour de l'Everest. En cherchant un peu, certaines sont consultables en ligne mais la meilleure source sur cette histoire improbable reste bien entendu son livre (*Dead Lucky : Life After Death on Mount Everest* - TarcherPerigee, 2009). Quant à l'étude des chercheurs autrichiens et italiens sur la psychose isolée de haute altitude, elle est disponible en ligne sur le site de l'université de Cambridge [10].

Le forum du site Kikourou.net, dédié à la course à pied, m'a offert sur un plateau un magnifique florilège de témoignages d'ultra-traileurs victimes d'hallucinations [11] que j'ai complété avec d'autres, piochés de-ci de-là sur la toile [12-13], où il n'y a qu'à se connecter pour les ramasser. La citation d'Adam Bielecki est tirée de son livre précédemment cité.

Dans *Last Step: The American Ascent of K2* (Mountaineers Books, 1980), Rick Ridgeway raconte que lors de l'expédition américaine sur l'arête est du K2 en 1978, il a vu des palmiers dans la neige et a entendu un vacarme avec des millions de voix, comme dans un train bondé, certaines lui intimant de faire demi-tour. Dans le récit de son hivernale solitaire (réussie !) au Cho Oyu en 1988, l'Espagnol Fernando Garrido raconte qu'il a senti des présences dans son dos : « Et ces gens étaient des Arabes [14] ! » ajoute-t-il

[10] https://www.cambridge.org/core/journals/psychological-medicine/article/isolated-psychosis-during-exposure-to-very-high-and-extreme-altitude-characterisation-of-a-new-medical-entity/c2bcdedcb0c6415b16531008857d730c
[11] http://www.kikourou.net/forum/viewtopic.php?f=21&t=32884
[12] http://road-runner.over-blog.com/2014/09/l-ultra-trail-un-monde-hallucinant.html
[13] https://www.lejsl.com/sport/2019/11/16/la-diagonale-des-fous-racontee-par-un-reporter-du-jsl
[14] https://www.himalayanclub.org/hj/45/7/cho-oyu-1988/

sans que l'on sache vraiment ce qu'il faut tirer de cette sibylline précision... En redescendant du sommet de l'Everest en 2013, la Française Nathalie Lamoureux a vu des bungalows, des parasols, des cocotiers et des gens assis sur des transats. Elle en parle dans son livre Everest à la folie (Guérin, 2014). De vive voix, elle m'a raconté avoir été effrayée par ces hallucinations : « C'était des paysages exotiques mais très sombres. Je m'en souviens très bien. Des silhouettes sans visages... ça m'énervait parce que les gens ne parlaient pas. Je n'arrivais pas à m'en débarrasser. Tant qu'il y a des reliefs, on voit plein de trucs étranges. J'ai fini par hurler ! J'ai aussi entendu des voix, des discussions, des gens qui parlent, des gens qui chuchotent. » Ces témoignages, comme probablement beaucoup d'autres passés entre les mailles du filet jeté dans ce gigantesque océan qu'est la littérature alpine, auraient mérité des récits détaillés. Mais il a bien fallu faire des choix...

J'ai gardé pour la fin l'histoire du solo de Roger Marshall au Kangchenjunga car il s'est passé pendant la rédaction de ce chapitre un événement assez étonnant. C'est en exhumant les écrits du Canadien des tiroirs de son fils Rich que j'ai appris qu'on lui devait la découverte du corps de Nicolas Jaeger au Lhotse Shar en 1983. Ce que j'ignorais, c'est que l'information n'était pas parvenue jusqu'en France à l'époque [15] et que pour Hélène Jaeger-Defaix, son père avait tout bonnement disparu... La haute altitude est décidément un monde surprenant.

[15] L'information est pourtant parvenue jusque dans le livre *Canadians on Everest* (Altitude Publishing Canada Ltd., 2006) de Bruce Patterson.

Remerciements

Merci aux alpinistes qui m'ont accordé un peu de leur temps et de leur passion pour me raconter leurs aventures là-haut : Jean Troillet, Stephen Venables, Krzysztof Wielicki, Erik Decamp, Stéphane Benoist, Carlos Carsolio, Doug Scott, Sandy Allan, Rick Allen, Élisabeth Revol et Nathalie Lamoureux.

Merci à Jean-Paul Richalet, Samuel Vergès et Pascal Le Maléfan d'avoir tenté d'éclairer ma lanterne sur ce sujet plus complexe qu'il n'y paraît.

Merci à Anne Marcuz et ses documents bien utiles.

Merci à Rich Marshall de m'avoir envoyé les précieux récits de son père.

Merci à Malgorzata Terlecka de m'avoir traduit la détresse d'Adam Bielecki.

Merci à Éric Vola pour la poussée en mêlée.

Merci à Mathias Virilli qui a suivi de très près toute cette affaire.

Merci à Rodolphe Popier qui est en passe de devenir l'homme le plus remercié de la littérature alpine. Ce n'est pas pour rien, je le garantis.

Merci à Charlie Buffet pour sa confiance ainsi qu'à la redoutable équipe Paulsen-Guérin.

Merci enfin à Gaëlle qui en assurant, de main de maître, l'école à la maison durant cet étrange printemps 2020, m'a permis de terminer ce livre sans passer par la case *burn-out*.

TABLE DES MATIÈRES

DU MÊME AUTEUR
AUX ÉDITIONS PAULSEN

La Dent du piment,
Collection Guérin, 2019

DANS LA MÊME COLLECTION
TERRA NOVA

Bêtes de course
Bernd Heinrich, 2020

Lénine à Chamonix
François Garde, 2020

On ne m'a pas volé l'Everest
Lydia Bradey, 2020

Raide vivant
Paul Bonhomme, 2020

Le gel ne me fermera pas les yeux
Adam Bielecki, 2019

Le Tigre de Katmandou
Michel Peissel, 2019

Solo intégral - Nouvelle édition
Alex Honnold, 2019

Patrick Berhault
M. Bricola et D. Potard, 2019

Vol au-dessus de l'Himalaya
Jean-Yves Fredriksen, 2018

Everest 1978
Pierre Mazeaud, 2018

Voyage au bout de l'endurance
Lizzy Hawker, 2018

L'Arête de l'éternité
Sandy Allan, 2017

Les Fantômes du Denali
Simon McCartney, 2017

Sales gosses
Sam Beaugey, 2017

Les Conquérants de l'inutile
Lionel Terray, 2017

Résister
Gérard Guerrier, 2017

Achevé d'imprimer par Ermes Graphics
à Turin (Italie) en février 2021
Dépôt légal : septembre 2020
ISBN : 978-2-35221-331-4